常用公文范例

场景、格式与写作技巧

CHANGYONG GONGWEN FANLI
CHANGJING GESHI YU XIEZUO JIQIAO

王健平————

编著

U0650689

中国铁道出版社有限公司
CHINA RAILWAY PUBLISHING HOUSE CO., LTD.
北京

图书在版编目（CIP）数据

常用公文范例：场景、格式与写作技巧/王健平
编著. —北京：中国铁道出版社有限公司，2023.8
ISBN 978-7-113-30166-8

Ⅰ. ①常… Ⅱ. ①王… Ⅲ. ①公文–写作 Ⅳ. ①H152.3

中国国家版本馆CIP数据核字（2023）第065403号

书　　名：常用公文范例——场景、格式与写作技巧
　　　　　CHANGYONG GONGWEN FANLI: CHANGJING GESHI
　　　　　YU XIEZUO JIQIAO
作　　者：王健平

责任编辑：奚　源　　　　　　编辑部电话：（010）51873005
编辑助理：韩振飞　　　　　　电子邮箱：1195917787@qq.com
封面设计：刘　莎
责任校对：安海燕
责任印制：赵星辰

出版发行：中国铁道出版社有限公司（100054，北京市西城区右安门西街8号）
网　　址：http://www.tdpress.com
印　　刷：天津嘉恒印务有限公司
版　　次：2023年8月第1版　2023年8月第1次印刷
开　　本：710 mm×1 000 mm　1/16　印张：17.5　字数：235千
书　　号：ISBN 978-7-113-30166-8
定　　价：78.00元

前　言

　　社会现代化的进程就是组织化的进程。如今，无论是大型企业的建立、竞争、发展，还是政府部门的决策、运作、服务，都体现出远超过去的高效组织程度。在此过程中，公文发挥着不可或缺的重要作用。

　　现代人不可能生活在荒岛上。或许你刚进入一家企业，或许你考取了某地政府的基层公务员岗位，或许你是创业小团队的领头人……每个人有不同的工作内容、不同的奋斗目标，但无法离开公文这一强大工具。作为组织内的一员，如何掌握公文写作实务知识，提高公文写作水平，是足以影响日常工作甚至生活的重要课题。

　　更不必说，实际工作事务往往是冗杂的，会牵涉到各方面。大致而言，个体在其中需要承担上传下达、内外畅通的基本沟通任务，才能打造良好的工作环境。而具体到不同情境、不同事件，则势必择机而行，绝非一两句口头表达就能应对清楚。为此，企事业单位、政府机关工作人员必须熟练掌握不同类型公文的撰写规则，无论是常用种类，还是冷僻用途，都应做到随时根据工作需要运用自如。而作为相关部门的主管领导，则应具有更高能力进行指导和监督。

　　为了满足大家提高公文写作能力的需求，本书作者结合 20 年公文写作经验，以理论联系实际的原则为指导，为大家总结出公文写作技巧。

　　撰写本书过程中，作者希望站在实际工作角度，从不同的情境、场合来分析公文类型，构建感性与理性兼备、经验与理论兼具的写作体系。

为此，作者将每种公文分为"应用场景""写作范例""范例解读"三部分进行介绍。

在"应用场景"部分，作者以工作中常见的各类"办公室对话"为引子，帮助不同领域、不同层次的读者，认识、解读各类公文写作用途由来与发生场合。通过该部分的阅读学习，读者将能充分认识到公文之间的差异，了解写作理论如何能影响自身的工作过程与结果。

在"写作范例"部分中，作者为每一文种提供一则例文，例文既符合"应用场景"的需求，也注重规范性、代表性，同时也体现出新时代的风貌，从而为阅读者提供更强的示范作用。例如，部分行政公文范例出自真实的政府机关工作流程，非常严谨规范。部分企业公文范例则来自一线办公室，对学习者写作能力提高，具有一定的参考价值和借鉴作用。

在"范例解读"部分，作者参考了历年来公文写作理论研究成果，结合近年来公文写作的发展变化趋势，介绍了每种公文的主要特点、写作技巧，注重对概念相近而用途不同文种的区分。为了避免重复，作者并未将笔墨花费在对文种理论定义、落款格式、字号字体等模式化信息的叙述上，而是重点传授运用的心得，包括主题应如何把握、语言应如何运用、重点应如何突出等，为读者一一列出，从而实现迅速提高写作实际水平的目的。

本书文字通俗易懂，叙述深入浅出，既注重专业性，又体现普及性。故此书既适合政府机关、企事业单位的文字工作者，也适合普通业务人员。

作者相信，这本书将能为每一位有兴趣从事公文写作工作的读者带去收益，也能为每一位遇到公文写作瓶颈苦恼的读者带去轻松，如果在大家提升工作获得感、生活幸福感的过程中，本书能发挥其应有的作用，作者将为此感到无比荣幸。

目 录

第一章

公文写作基础知识

近年来，越来越多的年轻人意识到公文写作的重要性。但公文并非只是"公务员写作和使用的文书"。广义的公文，是指党政机关、社会团体、企事业单位以及其他社会组织依据一定格式、经过一定程序形成和使用的文书材料。学习公文写作，就要从基础知识起步，逐步提升，最终实现从新手到高手的跨越。

第一节　从认识公文开始

当我们谈论公文时，关注的是什么？

对集体而言，关注公文，就是关注影响力。

公文是以党政机关、企事业单位、社会组织等名义写作和发布的，无论具体经手人有谁、签发流程有哪些、内容水平和篇幅长短如何，在外人眼里，公文代表的就是集体意志。当公文蕴含的能量强时，足以彰显公信力、领导力和执行力。而当公文传递的能量弱甚至出现"负能量"时，即便是最小的细节，也可能会对集体形象带来负面影响。

如今，随着智能手机的普及，人人都能扮演自媒体角色，移动互联网传播、留存信息的速度和范围，超过了历史上任何渠道。公文一旦出问题，不仅影响上下级的沟通，更可能产生不良舆论，导致集体的利益受损。

2021年7月30日，某保护开发区管理委员会的政务微信公众号发布了一条管控公告。该公告包括标题在内，共计出现了7处严重的错误表述。

这件事迅速引发一定范围的互联网舆情，该开发区管理委员会随后向公众发布致歉信，称"工作疏忽、审核不严"而导致了该问题，并撤回了错误公文。联系此前类似问题，中央纪委国家监委网站发表题为《公文出错事非小》的文章，指出："……事件暴露了相关工作人员不认真、不严谨，作风漂浮，责任心缺失的问题，影响了党政机关的形象，绝非小事……文件通知、总结材料、调研报告等文稿，错误层出、别字连篇，也是一种形式主义官僚主义，必须坚决纠正。"

在各类公文中，党政公文的影响面最大、关注者最多，代表着各级党政机关实施社会领导、履行法定职能、处理日常公务的水平。一篇公文，就是各级党政机关对上级、对社会交出的一份答卷，其高下虽在文字之间，其得失却在人心之中。同理，企事业单位、社会团体的公文，也是对客户和服务对象提交价值的一部分，影响着各自的利益。

因此，公文的写作、修改、审核、发布等每个环节，都在考验相关工作人员是否具有对应的能力和素质。

对个人而言，关注公文，就是关注个人的职业能力和前途。

踏入职场前，大多数人都未曾学习过公文理论知识，很多人甚至不清楚其基本格式、种类、用途。但这并不影响他们日后成为公文高手，并因此收获丰富的职业经验。要知道，个人的职业能力是综合性的，并非只有专业能力，同样也包括沟通能力。公文的本质就在于正式沟通，个人如何更好地表达自我，部门如何更好地协调问题，集体如何更好地为社会作出贡献，都离不开公文写作能力的提升。

更不必说，如果你能写出漂亮的文字，也很可能能让领导眼前一亮，发现你的与众不同。从此开始，他才会愿意观察和了解你，进而为你带去更多职业发展可能。

事实上，很多原本默默无闻的年轻人，都是靠公文写作获得了宝贵的机会。

某著名公司董事毕业于一所师范大学历史系，他放弃了读研资格，来到工厂，负责内刊文字工作。很快，他就厌倦了这里平淡的生活和工作，选择放弃"铁饭碗"，南下前往广东，进入了一家公司。

他并非学商业出身，也没有营销、管理的资历。在公司，他的第一份工作是企业内刊的通讯员。

然而，他凭借自己的一杆笔，将文章写得有声有色。不久后，他被推荐到总裁办，继续担任通讯员。经过他起草或修改的公文，无论是主旨结构，还是词汇语言，都令人刮目相看，也由此引起了公司创始人的注意。

在创始人的大力栽培提拔下，他调任为集团市场部任广告经理，随后又升任空调事业部营销总经理，并一路升迁成为集团副总裁。创始人退休后，他正式成为公司董事长兼总裁。

这位董事刚加入时，公司还带有鲜明的家族企业特点，股份制改造也才刚开始。一介"外人"的他，凭借公文写作能力，攀上了通往职业经理人的快车。

想拿好笔杆子，就要承担它的重量。公文写作虽有宝贵价值，但其中辛苦自不待言。这也导致不少年轻人虽然擅长业务，但提到公文时却一头雾水，害怕写材料、改材料。其实，这往往是因为他们还没有真正了解公文。

突破公文的认知瓶颈，需要进一步把握公文特点。

第二节　把握公文特点

公文，是指社会组织为履行职责、传递信息、事务管理而使用的集体文件，而书信、请假条、私人请柬等则称为私人文件。集体文件和私人文件，统称为应用文或文书。公文既具有应用文和文书的普遍特点，又具有其特殊性。

一、工具性

公文的基本特点在于工具性。它相当于机关、部门、企事业单位的传声筒，是通过文字为集体立言表意的渠道。在这里，"我手写我心"的文学性原则并不适用，转而适用"代组织立言"的针对性、定向性原则。

公文必须针对社会生活、业务管理、公众需求、集体活动等特定需要，为承担相应责任的组织所写作，要有明确的发布依据，也要有法定的展示和汇报对象，不可无的放矢，也不能滥发乱写，伪造更是犯罪。

2017 年，广州某律师事务所律师郑某，代理了某地李某和张某某借贷纠纷相关事宜，并收取了 3 000 元人民币劳务费。郑某随后并未到当地人民法院申请立案，直至李某多次催促，郑某才在家中利用电脑伪造打印了当地人民法院的《受理案件通知书》《支付令》等法律公文，并通过微信转发给李某。最终，郑某伪造公文的事情败露，因犯伪造国家机关公文罪，受到了法律的惩处。

绝大多数人当然不会出现郑某的行为。但日常工作中，还是容易出现一些错误的观点。例如"公文程序就是走过场""公文就是形式主义""先发出去再说"等错误言论，这些都源于对公文工具性的认知欠缺。

作为行使职权、履行责任的必要工具，公文不仅是一篇文章，更有着其他文体无法替代的特性。无论你能把公文写得多好，都必须确保公文能发挥其工具的作用，而不是用于自我表现。只有严格遵守公文发布流程，你才有可能成长为公文高手。

二、针对性

针对性是所有应用文的基本特点。从社会方面而言，小到一次邀请，大到一场赛事，都需要利用应用文来解决实际问题，实现基本目的。同样，党政机关、政府部门、企事业单位等社会组织，也需要使用公文来为某一具体的公务活动发挥作用，或用于沟通商洽，或向上反映情况，或向下指导督查等。

公文在时间、空间、对象上有鲜明的针对性。

时间上，公文需要有法定的发布时间和法定的发布时效，其实用价值受到这两个因素的约束。无论是过早还是过迟发布，都会导致公文效用降低甚至丢失。因此，公文的写作和处理大都要求准确、迅速。

空间和对象上，公文具有明确的限制范围。某市辖区政府发布下行公文，只能用于对该区下属部门的指导，而不能用于该市其他区任何部门相同事务的指导。同样。一家企业发布的内部公文，也只能用于对其自身部门或分公司的约束，而不能去约束其他企业。

三、真实性

公文必须真实，实事求是是公文写作的基础。一旦公文失实，对下会造成执行不力，对上则会导致决策失误，对平级则会影响沟通。重大的公文失实，还可能影响整个部门、单位、组织的公信力，引发法律争议问题。

注意公文的真实性，并不仅仅意味着避免造假。实际上，绝大多数的公文失实问题并非来自故意，往往是由于经办者的疏忽遗漏，导致数字、地址、信息失真。在写作公文时，必须保证客观真实性，即观点主旨要有法律或政策依据，情况细节要有来源，遣词造句要有明确妥帖的意图。避免任何模棱两可、似是而非的内容或形式。以此确保公文真实性。

四、程式性

公文必须有定法，否则一定会出现五花八门的形式，最终使公文失去其应有的权威价值。

2012 年 4 月 6 日，中共中央办公厅、国务院办公厅发布《党政机关公文处理工作条例》，规定"公文的版式按照《党政机关公文格式》国家标准执行"。同年 7 月 1 日实施的《党政机关公文格式》（GB/T 9704—2012），属于国家标准。这套标准适用于各级党政机关制发的公文，其他单位也可参照执行，其中包括了党政机关公文的格式要素、排版规则、纸张型号、印制装订等要求。

公文的程式性，根源在其作为法定工具的地位上。其地位，并非领导个人意志的体现，也不是约定俗成的习惯，而是长期实践中发展形成并最终上升为国家有关部门的法律法规内容。程式性要求写作者严格遵循规范和制度，以保证公文写作和处理的科学高效。而从写作者角度来看，程式性对经办者也形成了有效的保护，它确保写作内容只要处于程序框架内，就起码不会触犯法律法规或政治原则。

在了解公文特点的基础上，想要进一步深入学习其写作规律，更好地使用公文，就要懂得如何对之进行分类。

第三节　看懂公文种类

刚接触公文的"新人"，常会被看似繁多的公文标题名称所"吓倒"。尤其在专业性较强的机关单位，即便只是普通办事人员，每天收发的公文种类甚至可能有十几种，免不了眼花缭乱。有志于深入学习公文写作者，应及早了解公文种类的区别，适应不同的分类标准，形成扎实的公文知识基础。

公文的分类方法并非唯一，其主要分类如下：

一、行文方向

按行文方向划分，可以分为上行文、下行文和平行文三类。上行文是指下级对上级发出的公文，下行文是指上级对下级发出的公文，平行文是指隶属同一组织的同级部门或没有共同隶属关系的任何组织之间所发出的公文。

大部分法定公文的行文方向是固定的，如上行文有报告、请示，下行文有命令、通知、批复等，平行文有函等。也有少数文种具有多种行文方向，如意见等。

二、涉密程度

按照公文内容的涉密程度划分，可分为公开件、限制件、秘密件、机密件和绝密件五类。

公开件，指公文内容不涉及任何秘密，可由相关部门对国内外公布的公文。限制件，是指公文并不涉密，但在一定时间内应限制发布范围的公文。限制件在规定时间内并不对全社会公开，只限一定范围内使用。秘密件，指内容涉及国家一般秘密，泄露会导致国家安全和利益受损的公文。机密件，指内容涉及国家重要秘密，一旦泄露会导致国家安全和利益严重受损的公文。绝密件，指内容涉及最重要国家秘密，泄露会导致国家安全和利益遭受特别严重损失的公文。

三、处理时限

如按照处理时限对公文进行划分，可分为平件、加急件和特急件三种。平件并无特殊时间要求，只按照工作正常规程进行处理。加急件指内容重要而紧急，应打破工作常规，进行优先迅速传递。特急件指内容非常重要而紧急，应做到随到随处理的公文。

四、来源方向

公文可以根据来源分为收文、发文两种。收文是指本单位收到的公文。发文则分为两种：一种是本单位向外部发送的公文，一种是本单位起草发布仅供内部使用的公文。

五、形成步骤

通常情况下，一篇合格的当代公文，很难做到古人那样"倚马可待"，必须在内容、形式方面进行多次修改。由于每次修改的步骤不同，会使公文形成不同版本种类。

（1）草稿。草拟成文但并未确定的公文稿件。这类稿件仅供讨论、修改、审核使用，也可以作为内部征求意见使用。这类公文不具备正式的效用，没有签发，也没有盖章，既不能印刷，更不能上传或发送到官方渠道平台。

在草稿中，"代拟稿"属于较为特殊的类型，是指下级代替上级机关、业务部门或综合管理部门起草的公文文稿。"代拟稿"通常应用于专业性或时限性较强的公文起草过程。

（2）定稿。经过讨论、修改、征求意见等步骤后，经本部门领导签发盖章，履行了法定程序之后的完成稿。这类版本的公文稿件已具备正式公文效用，可以用于制作正式的公文正本，或者用于日后查考公文原稿。公文定稿除了正本内容外，还包括核稿、签发等各类凭证，因此具有法律上的权威性和可溯性。

（3）正本。采用规范格式，根据定稿印制，并采用了签字、盖章等各类生效标志后具备法定约束力的正式公文文本。

（4）副本。对公文正本进行内容和版式的复制后形成的抄送件。副本与正本基本没有区别，只有用途和价值的不同的。此外，如果将公文的复印件而非印刷件作为正式公文内容使用时，还应加盖复印机关的证明章。

六、活动领域

如果根据用途来划分，公文还能分为通用公文和专用公文两大类。本书主要介绍通用公文，即各级各类党政机关、企事业单位、社会团体在公务活动中普遍使用的公文，而专用公文则是依据某一职业领域需要而专门使用的特定公文，例如司法公文、外交公文、军事公文等。

如果对通用公文进一步分类，可包括如下种类：

（1）党政机关常用公文。这类公文在各级党政机关中使用最为普遍，也可以称为机关公文，共有15种。包括领导指导性的决议、决定、命令、通知、通报、批复、纪要；呈报性的报告、请示、议案；公布性的公报、公告、通告；商洽性的函；多样性的意见。

（2）事务性公文。主要用于对某领域的工作人员在业务活动中使用的公文。这类公文往往在该领域内具有较强的通用性。

（3）公务性公文。主要用于某领域的集体组织在业务活动中使用的公文。这类公文具有相当的固定性、程式性。在党政机关，其重要程度仅次于党政机关常用主要公文。

（4）规范性公文。该类公文主要用于对某一方面、某一种类的行为进行较为全面、系统的规定。

（5）会务性公文。该类公文主要服务于各种会议的组织和召开程序，或用于记录会议进程、发布会议结果。

（6）礼仪性公文。该类公文主要用于集体或个人参加的礼仪场合，表示欢迎、慰问、感谢等内容。

（7）宣传性公文。该类公文主要用于对单位或个人的宣传用途，属于越来越受到重视的公文类别。

第四节　树立正确文风

公文文风，是相关管理部门和研究学者的重要关注点。尤其在信息畅通的移动互联网时代，公文文风出现的问题，既容易降低公文传播信息的效率，浪费相关人员的时间和精力，也容易被网络舆论所发酵，影响发文机关单位的形象。

公文文风不止体现个人或集体的文字处理水平，还能在很大程度上体现发文单位的工作风气。优良的公文文风应言简意赅，避免哗众取宠，也要避免云山雾绕，堆砌术语名词。

良好的公文文风，应符合如下标准：

一、实

公文首先应追求陈述真实情况、引用事实根据、平实解释问题、踏实罗列方法。实践中，有些公文习惯于夸大成绩、缩小问题，或者生造概念，将普遍存在的不足写成"有待提高"，将局部存在的典型写成"普遍优秀"等情形。在一些涉及统计数字的公文中，个别写作者甚至可能弄虚作假，随意篡改编造数字、瞒报问题，造成公文的真实度大大下降。

写作者应牢记，实用是公文最根本的工具价值。在搜集写作材料时，要注意真实可靠，对公文中列举的数据等信息，应保证准确无误。运用的词语种类、搭建的逻辑结构，都应平易朴实，符合实际。

二、精

某些写作者喜欢将公文写得烦琐累赘，文章看上去内容丰富，似乎下了大力气。但仔细阅读，就会发现里面充斥着套话、空话、大话，难以令人把握重点。公文文风必须注重精练，避免形式主义、文牍主义，凸显公文应有的价值。

某市政府直属部门在年终共收到了50余份来自下属机关的工作总结。其中最长的总结有将近1.8万字，最短的也有9 000多字，平均每份总结超过万余字。这些工作总结的开头、结尾几乎都大同小异，框架、结构也相似。这么多工作总结，即便简单浏览，也要看十几万字、数百页的材料。对于部门领导而言，这显然会花费很多时间，而总结对各部门所发挥的直接作用也就明显不足了。

为避免上述问题，写作者一定要设法拧干公文里的水分，不必担心写的内容少，应戒除充斥空话、套话的浮夸文风。为此，写作者应真正投入思考，而不是照搬照套。

从客观环境看，不少公文的直接起草者还承担其他工作，往往是抽出时间来写作和修改公文。不少人为节省时间，选择了照搬照套的方式，将时兴的政治热点概念、流行语言全部堆进文章里。这导致文章看上去是经过了认真撰写，但实际却不能真正让人定量分析实际情况，也不能产生深刻思想认识、掌握新颖观点，最终未能让阅读者形成任何印象。

为避免类似情形，写作者应学会将工作同写作结合起来，尽量避免通过照搬材料来拼凑公文内容，更不能靠闭门造车、寻章摘句来"写"公文。在写作前，应多考虑从"怎么看待问题"，转变到"如何解决问题"，确保公文内容真正具有针对性、有效性。

三、生

公文虽非文学作品，但也经常需要承担号召的作用，其表现形式绝不能僵化刻板。尤其是应用型公文，如发言稿、贺词等，往往面对思想积极活泼的年轻群众，其语言的吸引力相对法定公文就要求更高。

"生"，就是要让公文富有生命，同时能打动接收者的内心。一篇公文如果只有说理、引用、分析等逻辑推演内容，而缺乏生动形象的语言，就会让人难以印象深刻。大部分公文在撰写前，都应由写作者把握好文章基调，理解其运用环境，通过真实动人的词语，努力传承释放出应有的思想内涵。

除了语言词汇要"接地气"之外，公文写作者还应结合实际情况，选用一定的修辞手法、叙述方式等，增强文章魅力。即便是重要稿件如领导的讲话等，在适当的语境，也可以适当引用谚语、金名等，有效增强亲和力、幽默感。

文风必须依附于格式而确定。追求正确的公文文风，离不开规范的格式。

第五节　规范公文格式

公文文件格式的规范化，并非写作者个人习惯，很大程度上还是受到党和政府高度重视的法律问题。2012 年出台的《党政机关公文处理工作条例》要求，党政机关公文必须符合《党政机关公文格式》。这就说明了格式规范化彰显公文的法定、权威和严肃性。

正式公文的格式主要是指其应有的组成部分，包括文头、标题、主送机关、正文、签发人、日期、印章或签署、附件，以及其他标记、抄送机关、注释和印发说明等。

一、文头

文头是文件头部的简称。文头处于公文首页顶端，占据其三分之一左右。主要为发文机关的标识，如"××市人民政府文件""××集团文件"，以表明文件属于何组织发布。绝大多数情况下，文头需要用套红的大写字体写明组织全称。

二、标题

公文标题由"发文机关＋事由＋文种"的规则来构成。例如《国务院关于取消和调整一批行政审批项目等事项的决定》，有些公文也可以只包括"事由＋文种"，如《关于加强中国特色新型智库建设的意见》，还有少数公文可以直接由"发文机关＋文种"的规则来构成，如《中华人民共和国主席令》。

标题部分必须写明文种，而不能随意生造。写作者不熟悉某些文种，将之强行拼凑，结果反而导致标题的错误。例如"关于×××问题的请示报告"这一标题，将请示和报告放在一起，显然让标题这一部分的格式失去应有的规范性。

三、主送机关

位于公文标题下、正文之上，需顶格书写主送机关的名称，并在其后用冒号加以提示。例如，××市人民政府下行文件，其主送机关为

"各区、县人民政府，市政府各委、办、局"。

主送机关的名称通常都应该以全称方式写，对那些平时在用简称已经习惯了的部门，尤其应该注意不能写错。

四、其他标记

在公文正文的最后，应该署上发文机关的全称，并在其后签署发文日期，日期必须要写全，不得省略"年月日"中任何一项。

公文所使用的印章是机关权力的代表。在公文中，凡是有发文机关署名的，都应该加盖发文机关的印章，并做到印章和机关署名相符合。而某些文件如命令等，除了盖上印章，还需要负责人在正式公文的落款处署名。

附件的作用是解释、说明公文正文或提供补充、参考等资料。附件本身相对独立，它能够让公文正文的内容更加具体，并提供依据和参考效果。附注的作用则在于对正文中有可能涉及名称术语或相关事项的部分进行解释说明，从而确保理解准确、行文简洁。

公文除了发送给那些需要直接承担执行处理责任的机关之外，还需要抄送给其他相关机关。这样就形成了公文的主送和抄送单位。一般是在公文后列出这些单位全称或者规范化简称，从而方便和相关机构部门沟通、配合。

承担主要工作任务的单位被列为主送单位，而需要知晓公文内容但并不负责工作任务执行的单位被列为抄送对象。这种格式清楚明确，令人一目了然。

第六节　重在解决矛盾

大多数的工作内容，可以用"解决矛盾"加以概括。同样，公文的最终意义也在于此。好的公文，总是围绕某个矛盾，将其现状和解决方法作为文章的主题，进行构思、起草、修改。不仅如此，写作者还要深入了解过程中的各类矛盾，予以重点解读分析，将相关成果运用到文章中。

某高校后勤集团小柳，写完了整个部门未来一年的工作计划。该计划将在不久后领导班子会议上讨论，通过后会作为对上级的请示附件。为了减少在领导会上讨论的时间，小柳按集团正职和副职的要求，提前将草稿发送给他们。

过了几天，两位领导对文章提出了个人的修改意见。在具体内容上，他们的见解有所不同，正职更希望将资金投向某个重大项目，而副职认为需要优先将已有的服务完善好。

小柳应该怎么做呢？

类似事情，在公文撰写过程中并不罕见。写公文并不是舞弄笔杆子，而需要随时面对日常工作矛盾。甚至那些平常掩藏在人际关系之下的矛盾，在公文写作和修改过程中都会集中爆发。如果写作者不懂得围绕主要矛盾来解决，其公文就很难被肯定。

经验丰富的小柳立即明白，正职和副职相互之间还没有对计划内容进行意见交流。于是，他根据两位领导对预算问题的看法，寻找了相对应的法律法规政策依据，再结合后勤集团现实情况，分别进行突出表达。

这份新的计划方案再次发给正职和副职后，两人立即默契地了解到对方的想法，并进行了私下沟通。当领导班子会议召开时，经过了充分平衡的计划，也就得到了一致通过。

在公文写作中，必然会不断出现新的矛盾。例如环境变化、关系改变、利益冲突等，这些矛盾往往不是写作这件事本身带来的，也不是写作者可以独立解决的。但写作者不能以此为借口加以推脱，想方设法用虚话、套话来回避矛盾，而是需要在修改中利用文字，引导各种意见和看法得到交流互动，最终形成各方认同的观点。这样的公文，才能具有更广泛的代表性。

在此过程中，我们主要应面对并解决以下矛盾。

一、写作被动性和工作主动性的矛盾

从公文本身的工具性而言，其写作内容注定是被动的，重在表达组织需求、领导意志，体现实际工作环境特征，而非写作者个人看法。尤其牵涉到工作整体的指导思想、目标任务、关键措施、保障工作等，更不可能由写作者个人来决定。

写作者必须清楚自己的角色，通过学习来理解上级思路，借助调研来了解组织实际。在此过程中，他们需要改变固有的局部看法，转化个人的观察角度，甚至还要改变原有的语言风格。当然，这一切又需要写作者具有充分的主动性，在每个工作步骤中发挥个人能力，进行积极协调、努力工作，更好地发挥公文的工具作用。

二、处理好对上和对下的矛盾

公文写作实践中，我们既要站在领导部门角度去构思，也要站在和普通群众平等地位去写作。

以下行公文为例，这一大类公文既是组织内部上下级的沟通桥梁，同时又是党政机关面向社会的窗口。公文写作必须遵循以人为本的服务态度，让更多人能读进、读懂和记住公文的思想精神。

实践中，个别公文写作者并未意识到处理好对上对下矛盾的重要性。他们往往重视上级或本单位作为发文主体的地位，忽视了下级或普通人作为受文对象的感受。无论写作者自认为有多努力，基层干部还是社会群众都不喜欢阅读这样的文字。

写作公文尤其是下行文，想要真正取得实效，必须注重调研受文对象的接受心理，通过换位思考站在对方角度，研究他们会怎么想、怎么做。如果想利用公文让对方理解、认同、执行，就先要通过这种换位思考，让写作者本人能理解、认同、执行。进而言之，写作者在日常工作中，要多倾听基层和群众心声，学会和他们联系、沟通，懂得他们面对的矛盾、感受的苦恼、遇到的困难。经过这样的不断积累，文章才有可能既被上级认可，也被下级认同，最终取得实效。

三、处理好稳定性和灵活性的矛盾

君子应"智圆行方"，写公文亦然。写作者要保持公文的规范性，坚持其工具作用，体现领导意志，同时又要在具体写作过程中进行灵活艺术的表达和修改。只有充分平衡稳定性、灵活性后，才有可能进阶为公文高手。

在此过程中，如何去理解贯彻领导意图，往往是最考验写作者的。众所周知，公文质量高下的第一评判人是写作者的直接领导，于是初学写公文的新人，经常以为"只要按领导说的意思，套个格式去写"就行。但他们的工作结果往往是不断进行修改，甚至直到最后之所以能定稿也是时间所迫。

在绝大多数组织部门，写作者也有具体负责的工作岗位，应该同样清楚每份公文的针对性。接到写作任务后，写作者有义务和责任站在领导角度思考、分析公文内容关注的重点，而不是将领导做出的一两句口头交代，当成写作的唯一出发点。

例如，领导对某份调研报告作出口头指示，要求重点写好某地块开发进展情况。如果是公文新手，很可能就会用大篇幅来写开发中的数字、时间、进度、保障等。但成熟的公文写手，会结合实际工作情况，调动经验，细细品味领导这句话的意思，理解领导没有说清楚的动机：是为了对外凸显开发成绩，还是为了向上汇报要求资源，或者是要求下级做出调整改变……根据最接近领导意图的判断结果，分别采用不同写作方法，而不是一味堆砌。

在大多数部门内，领导工作事务繁忙，各类会议、调研、协调已经排满了日程，所以他们不可能逐一过问文章的具体经过、步骤，对公文的理解也不可能事先形成逻辑严密的计划布置给写作者。这就像大多数业主在装潢新家之前，不会先画出具体草图给装修公司一样，他们只能说出模糊的想法，而真正出色的设计师会从业主的年龄、职业、身份、喜好、家庭成员等角度出发总揽全局，把握整体，既确保稳定也适当灵活。这才是正确的写作态度。

公文写作还会面临其他矛盾，例如工作和写作时间的矛盾、实际情况变化和成稿截止节点的矛盾、不同下级部门提交意见的矛盾等，正是由于写作者需要不断解决这些矛盾，才能通过公文写作获得不一样的锻炼经历，得到不一样的成长助力。

第七节　设置段落结构

公文的结构，是对整篇文章内容恰当合理的组织安排，也是公文表达主旨、厘清要点的重要基础。写作者构建文章结构，就像建筑设计师画出设计图那样重要。尤其在党政机关，凡是有一定工作经验的人阅读公文，首先都会看整体结构是否合理清晰，以此迅速把握文章主旨，随后才根据主旨的重要程度，再做出进一步阅读或暂时搁置的决定。在此过程中，他们还会对写作者的工作和思维水平作出评价。很多公文高手就是借助了这样的过程，进入领导关注和考察的名单中。

公文段落结构的设置要领并没有什么"模板"，而是应该从实践中来到实践中去，即通过了解工作实际情况来塑造公文结构，再以公文结构串联内容指导下一步工作。为此，写作者应领会公文段落结构的设置过程。

一、段落结构的设置

首先，写作者在设定段落结构之前，应积极了解上级或领导关于公文材料的具体要求，以及该公文将具体使用的场合、解决的问题、实现的成果。根据要求总体特征，选用熟悉的结构模式。

其次，应列出情况要点。不熟悉客观情况，很难写好材料。写作者应积极根据要求，观察、总结、提炼客观情况，从收集到的素材中列出要点。要点是公文必须重点表达的内容。每篇公文都应从要求出发，分解出若干要点。对于非要点内容，则不应纳入结构，以此保证文章内容突出、结构紧凑。

最后，是排列先后。所有要点都具有关联性，同时也要具备对应逻辑顺序。写作者应根据要点之间的某种特殊关联性，按照重要程度、主次排列、时间顺序、地点顺序或其他逻辑，安排公文各个模块的顺序。

到此为止，公文的结构提纲基本形成。经过顺序修改调整，就可以分别组织每个段落的内容了。

二、段落结构的"套路"

写作实践中，不少公文种类指向的工作内容性质接近，故而形成了固定结构。写作者既要懂得熟练运用这些套路，也要能从中总结出更好的经验以备创新。

常见的公文段落结构"套路"，主要有以下几种：

（1）单段式。整篇公文只有一段，由此形成一篇公文。例如命令、公告和内容较为简单的决定、函等。

（2）概要分段式。在公文开端部分阐述概要，说明全文主旨。再根据概要列举若干问题，按照主次顺序进行分段叙述，并利用序号标明顺序。这种段落格式经常出现在下行公文如通知、指示中，也用于稍微复杂的决定、决议等。

（3）分列小标题式。这种格式将整篇公文直接分为若干段落，而不需要开端的概要。每段的中心内容都能归纳为各自小标题，并采用序号标明顺序。在一些指示性的通知、决定、决议、通报中，都可以运用这种结构。

（4）分列大标题格式。全文结构为几大部分，各自独立并成为章节。这些章节可以采用序号，也可以不采用。这种格式通常适用于工作总结、报告等较长的公文。

（5）转发格式。采用批转、转发或附件的格式，将上级或者平级部门的来文，转印给下级机关或其他平级机关。

（6）章节条款格式。整篇公文采用章、节、条、款乃至更小级别的序号结构。这种公文的内容隶属关系很清楚，便于检索。尤其是章程、规则、条例、细则等公文，经常会出现类似段落格式。

除了段落形式的"套路"，同样也有段落内容的"套路"。写作者首先应学习了解特定公文种类所对应的内容结构。例如，在批复类公文中，通常的内容结构为在公文开头说明已经收到对方关于某事项的请示，并在其后部分表示同意或否定。如果表示同意，可以作出进一步部署。如果是否定的，则应说明具体理由。最后，还要用特此批复、单位落款等内容作为结束。这种"套路"可以称为"重复问题＋答复＋说明"，如下例所示。

国务院关于同意在天津、上海、海南、重庆暂时调整实施有关行政法规规定的批复

国函〔2022〕104号

天津市、上海市、海南省、重庆市人民政府，商务部、司法部：

你们关于在天津市、上海市、海南省、重庆市暂时调整实施有关行政法规规定的请示收悉。现批复如下：

一、按照《国务院关于同意在天津、上海、海南、重庆开展服务

业扩大开放综合试点的批复》（国函〔2021〕37 号），同意自即日起至 2024 年 4 月 8 日，在相关省市暂时调整实施《旅行社条例》《民办非企业单位登记管理暂行条例》的有关规定（目录附后）。

二、国务院有关部门、相关省市人民政府要根据上述调整，及时对本部门、本省市制定的规章和规范性文件作相应调整，建立与服务业扩大开放综合试点相适应的管理制度。

三、国务院将根据相关省市服务业扩大开放综合试点情况，适时对本批复的内容进行调整。

附件：国务院决定在天津、上海、海南、重庆暂时调整实施的有关行政法规规定目录

国务院

2022 年 9 月 21 日

此外，实际运用中还有情况简报、通报等公文，为"说明"结构。公告、函、决议、通知等公文，为"提出问题＋解决"结构。"提出问题＋分析＋解决"结构，如指示、报告、决议等。如果内容更丰富，还可以将"提出问题""说明""分析""解决""答复"等不同模块按所需顺序结合在一起，形成新的结构。

三、段落结构的过渡

段落结构的过渡，是指公文内不同层次之间利用特定语言进行连接与转化，以产生有效的承上启下作用。例如，过渡词"总之""为此""由此可见""据调查"等，过渡句则包括"现请示如下""分以下方面进行说明"等。

无论公文篇幅长短，都不需要在所有段落之间进行过渡。有必要过渡的情况主要有如下两种：

（1）内容方向转换。例如，在分析完某个大方面问题后，再接着分析另一方面问题，或者在提出问题后进行解答时，两大段落之间有着明

显的主题切换。此时，就需要利用特定语言进行自然过渡。

（2）总分结构下的过渡。即从公文最前的概述内容转换到分述时，需要进行过渡。例如，某机关的年度工作计划，用开头的段落提出全年工作的总体指导思想，然后分别在每个段落之间采取过渡语句来具体提出人事、业务、纪律、学习等不同层次的工作计划。这样的过渡显得平衡而匀称，符合公文本身的特点。

除了段落之间的衔接外，公文还应积极运用呼应的方法。例如，文章开头和结尾的对应、整体和局部的呼应等，这样才能让内容有效串联形成整体。

第八节　运用精彩语言

语言既是公文信息的载体，也是公文内容的调色盘。缺乏对语言加以运用的，公文写作水平将很难提升。

想要懂得如何运用精彩的公文语言，写作者应对公文用语的规范性特征有所了解。众所周知，公文用语具有与其他文体不同的特点，可以将之称为"文件性""官方性"，这种特点当然不能完全用来概括公文语言的要求，却是其调色盘上的重要底色。

一、语言的习惯性

公文写作，应重视使用如下的习惯性用语：

（1）段落开端用语。通常是为了表示文章写作目的、依据、原因和伴随情况等，如"为了""遵照""按照""根据"等。

（2）引用来文用语。主要是为了引用来文方的文字，如"现经"

"现接到""收悉"等。

（3）表态用语。不同的表态用语能够表现出不同的态度，如"必须""照办""立即执行""可行""原则上同意""不同意"等。

（4）称谓用语。对不同机关单位的不同称呼，如"我局""我处""该同志""该单位""贵处""贵局"等。

（5）邀请用语。表示发文者对接收方提出的期待和要求，如"希望""切盼""请""恳请"等。

（6）征询用语。表示向对方征求和询问对有关公务的意见和态度的用语，如"是否""当否""有无不妥""是否可行"等。

（7）结尾用语。通常这类用语用在公文的最末处来收束全文，如"现予以通知""为感""为盼""此布""此告"等。

二、语言的限定性

由于公文所传递的信息大都和执行有关，因此在公文的词语库中，介宾词组最为常见。例如，"为了××""鉴于××"属于表示目的和手段的词组，"关于××""对于××"是表示对象和范围的词组，"根据××""按照××"是表示来源和方式的词组等。在运用类似介宾词组时，应将之放在一个句子的状语或者定语部分，也可以加以连续使用，从而对句子起到有效的限制作用，让公文所表达的内容更为严谨科学。

三、语言的规范性

公文需要高效传达信息，其前提是语言的规范性。在公文写作实践中，简缩语很常见，其能将原本复杂冗长的语句高度简化，并能在不损害内容的基础上提高阅读效率，例如"八项规定"等。但写作者使用该类词语时应注意，不能生造冷僻的简缩词语，更不能由此产生歧义。

四、语言的简洁性

随着现代行政机关工作节奏加快，需要在最短的时间尽可能传递最大信息量，这样，公文效率才能够得以提高。为此，写作者必须对公文的目的和受众人群充分了解，对有些问题可以一笔带过，有些问题则要交代清楚，还有些问题应该重点铺陈，才能让语言轻重合理且言简意赅。

另外，语言的简洁还要表现在对字词、语句和内涵的"精练"上，尤其是指示性公文，应该最大限度地对文字量加以压缩，提高公文的信息传送效率。

五、语言的通俗性

语言应该做到浅显易懂，不要一味追求文字表面的"华丽"，而是要看重其使用的效果。越是言浅意深的文字，越容易让受文者快速理解和把握其主旨所在。公文应该大部分使用书面用语，慎用口语，更要慎用方言、网络用语或者随便生造一些"缩略语"等。

写作者即便掌握了上述原则，也不能确保公文语言就一定能出彩。"巧妇难为无米之炊"，只有在脑海中积累大量词汇，才能让你的公文写作能力有所提高，在需要的时候，合适的词语信手拈来，也能让你体会到文字写作的乐趣。为此，写作者应大量浏览各部门的文件，对其中精彩字词和段落加以摘抄熟读，还需要经常性地收看《新闻联播》，阅读《半月谈》和《人民日报》社论等，熟悉时下最聚焦的热点问题以及相关的政策、法规同时，无形中也了解相关的语言字词。

公文写作者的语言运用能力并非与生俱来，而是遵循原则基础、不断有意识自我训练的结果。

第二章

党政类公文范例与解析

　　党政类公文，是指《党政机关公文处理工作条例》中列出的 15 类公文，是各级党政机关实施领导、履行职能、处理公务时所使用的规范体式公文。

　　读者将在本章中和 A 市人大常委办公室的老王、小马同志，一起学习党政类公文范例，掌握基层工作实务中的相关注意事项，迅速、有效、全面地打好公文写作的坚实基础。

第一节 决 议

决议，下行公文，适用于会议讨论通过的重大决策事项。

应用场景

常委会办公室里，"笔杆子"老王忙着准备材料。他一抬眼，看到刚报到没多久的新公务员小马。

"小马，下午那个财政决算和预算的材料初稿，你可以写一下。"

小马爽快地答应了。20分钟后，他把材料发给了老王。老王看了一遍，说："内容还行，这个标题嘛……"

说着，老王就把标题里的"决定"，修改成了"决议"。

什么时候用决议，什么时候用决定呢？小马一时糊涂了。

老王说："先不说了，我来把决议定稿吧。"

写作范例

××市人大常委会关于批准 2021 年市级财政决算和 2022 年财政预算变动的决议

××市第十八届人大常委会财经工作委员会，对市财政局局长周××受市人民政府委托提交的《关于××市 2021 年财政决算和 2022 年财政预算变动的报告》进行了认真审查，认为 2021 年财政工作支出保障了全市经济社会各项事业的健康发展，圆满完成了各项收支任务，财政决算客观真实，财经工委同意 2021 年财政决算。

2022 年由于受客观环境影响，财政收入明显下滑，财政预算由 33 300 万元下调为 22 300 万元，新增债券资金 5 600 万元，预算的调整符合我市财政和经济发展要求，同意 2022 年财政预算调整。

结合审计工作报告和市人大常委会财经工作委员会的审查意见，经会议研究，决定批准《关于××市 2021 年财政决算和 2022 年财政预算变动的报告》，批准××市 2021 年市级财政决算，批准 2022 年的财政预算变动。

××市人大常委会办公室

2022 年 12 月 21 日

范例解读

忙完一天，快下班时，老王长舒一口气，喝了两口茶。

小马忍不住问："王哥，为什么这个文件要用决议，而不能用决定呢？"

老王悠悠地说："决议，重在'议'字，是集体会议按法定程序议定的重要决策事项。决定，重在'定'字，是主要领导班子几个人研究就能决定的重要事项。"

小马说："哦，区别在这里。"

老王说："也不绝对。比如同样是集体会议决策结果，如果偏向具体的行动指令，也可以用决定。如果程序意味更强，具有原则性、指导性，那就要用决议。"

这下，小马明白了决议和决定的差别。

回到家，小马仔细复习了决议的相关知识，记下笔记：

决议的正文结构，包括前言和主体。

前言是决议依据，主要包括会议讨论的有关政策、法规，也包括相关问题的实施情况。

主体是决议内容，可以用一段体，也可以用分条、分段或小标题方式阐述。

写作技巧

1. 把握会议内容

决议要体现会议的中心思想，体现参会者的一致态度。写作者必须把握会议背景、目的、意义，熟悉相关问题的由来、原因，清楚参会者对问题的定性、意见，熟悉会议所讨论出的最佳方案。

2. 了解决议的类型

决议包括审议批准、方针政策、专门问题、公布号召等不同种类。除了审议批准外的其他决议，可以在结尾设置一段号召性文字。对内，能加深参会者的印象。对外，可鼓舞干部群众的士气。这是决议在内容上和其他党政机关公文的典型区别。

3. 提前写好初稿

普通基层公务员通常不会接触决议类公文写作。但大型工作会议中，决议是不可或缺的，而且往往不止一两个决议。这就需要写作者事先拟定决议初稿，供会议进行讨论、修改直至通过。决议写作的时限性很强，不会留给写作者充裕时间。

在召开会议之前，撰写者就要提前了解会议议程，摸清有关问题的来龙去脉，了解决策者对解决问题的态度倾向，这样才能保证及时高效完成决议稿的撰写。

第二节　议　案

议案，平行公文，适用于各级人民政府（或有关机构）按照法律程序向同级人民代表大会或者人民代表大会常务委员会提请审议事项。

应用场景

A市第十六届人民代表大会常务委员会第二十二次会议召开在即。常委会的办公大楼里还是灯火通明，为了保障大会的顺利召开，准备会议需要审议的材料，老王和小马已经连续加班好几天了。老王还是不放心，特意叮嘱小马："小马，这次会议需要审议的几个议案还要把下关，千万不能在内容上出什么纰漏，特别是那个养犬条例，社会关注度比较高，一定要慎之又慎。"

"知道了，"小马立即应道，"这个议案市政府常委会都已经讨论过了，直接对外颁布不就行了吗？怎么还要提请人大常委会审议呢？"

老王语重心长地说："小马呀，看来你还要多多了解下我国的相关法律规定！今天的时间不早了，我们还是先把草案过一遍，等后面有时间我再详细跟你说说相关的法律规定和流程。"

写作范例

××市人民政府关于提请审议批准
《××市养犬管理条例（草案）》的议案
×政发〔2021〕××号

××市人民代表大会常务委员会：

《××市养犬管理条例（草案）》已由2021年8月16日市人民政

府第××次常务会议讨论通过。

《××市养犬管理条例（草案）》为了规范养犬行为，维护社会公共秩序，改善市容环境卫生，保障公众健康和人身安全，根据《中华人民共和国民法典》、《中华人民共和国治安管理处罚法》、《中华人民共和国动物防疫法》、《中华人民共和国传染病防治法》、《城市市容和环境卫生管理条例》和《××省城市市容和环境卫生管理办法》等法律、法规、规章，结合本市实际而制定的。

根据《××省制定和批准地方性法规条例》，特提请审议，并授权××同志到会作说明。

市长　杨××

2021年8月17日

范例解读

市人大常委会顺利闭幕，包括养犬条例在内的数个议案均审议通过，老王和小马也松一口气。这天，老王把小马叫到办公室，问他对议案的含义和流程有没有弄清楚。

"虽然之前在大学的法律课上也学过相关的知识，但真到了用的时候才发现学习的内容只是皮毛，知识还要在实践中学习。根据公文处理的相关规定，议案主要是政府机关向人大或常委会提请审议的事项。全国人大和地方各级人大是我国的权力机关，审议议案是人大及其常委会行使法定职权的重要工具。"小马坦诚地对老王说道："我市是具有地方性法规立法权的较大的市，像养犬管理条例就属于地方性法规，必须由人大审议通过，才具有法律效力。"

听到小马的回答后，老王欣慰地点了点头："你说的是议案的一种情形，此外，议案的提起主体、时间、流程，包括撤回等，都是有严格的法律规定的。你之前说的由市政府常务会议通过就可以对外颁布的，那个不是条例。经人大授权,市政府可以制定相应条例的具体实施办法。对于这些知识,你在以后的工作中会大量接触,你一定要熟知。"

写作技巧

一般情况下,普通公务员接触议案写作的机会较少,这是由议案的特殊性决定的,但作为公务人员,必须了解议案的制定和撰写原则。

1. 特别注意议案的法定性

议案的制发机关必须是"各级人民政府",而不包括政府的内设机构或者派出机构,像街道办等机构不属于一级人民政府,自然无议案的制发权。

2. 特别注意行文的对象

议案是要求权力机关(人大及其常委会)对重大事项进行审议,所以程序上必须由政府(行政机关)向权力机关提起,而且提请的对象是同级人民代表大会或其常务委员会。

3. 特别注意行文的时间

议案必须在规定的时效内提出,才会被列入人大审议的议程中。按照我国的宪法、组织法等相关法律的规定,人大及其常委会召开会议有程序和时间上的规定。另外,从议案审议的严肃性上来说,在规定时效内提请议案,可以保证大会成员对议案有充分的了解。未在时效内提起的议案,只能放在下一次会议或者当成"建议"处理。

议案作为平行公文,行文的语气要平和,叙事要简洁明了,对于需要提请审议的事项要直截了当。公务人员在撰写议案之前,一定要做好调查研究,查明提请审议的事项是否属于人大的职权范围内和议案的时效性等。

第三节　公　报

公报，下行公文，适用于党政机关公布重要决定或者重大事项，又被称为新闻公报，是党政机关或者人民团体公开发布重大事项或重要决定的报道性公文，是一种较为重要的公文文种。

应用场景

中国共产党 A 市第六届委员会第四次会议顺利闭幕，对于该次会议的召开情况，市委决定以公报的形式对外公布。老王和小马，连同其他职能部门的同志，一起参与到公报的撰写与发布工作中。

"小马，你对公报这种公文形式了解多少？"老王问道。

"不太了解。"小马回答道。

"简单来说，公报有新闻公报和会议公报，像我们现在做的就是会议公报，是用来报道重要会议决定的，是一件非常严肃的事情，形式上不能有任何的疏忽"。

写作范例

中国共产党 A 市第六届委员会

第四次全体会议公报

（2021 年 6 月 22 日中国共产党 A 市第六届

委员会第四次全体会议通过）

中国共产党 A 市第六届委员会第四次全体会议，于 2021 年 6 月 22 日在 A 市召开。

出席会议的有，市委委员 ×× 人，候补市委委员 ×× 人。市纪委常委、市监委委员和有关方面负责同志，党的十九大和省、市党代会部分代表列席会议。

全会由市委常委会主持。市委书记××同志作了讲话。

全会认为，……

全会充分肯定今年上半年市委常委会的工作。……

全会强调，……

全会指出，……

全会指出，当前我市经济发展正处在乘势而上、加快发展的关键时期，要……

全会号召，……

范例解读

公报的发布得到了市委主要领导的肯定。老王告诫小马，以后的工作中会接触到各种形式的公报，对于公报的撰写一定要上心。

在此之后，小马花费了大量时间和心血，将近几年以来党中央以及主要国家机关的公报都仔细研究了一遍，由此也了解到公报的主要特点就是"公"和"报"。

首先是受众的广泛性。公报是面对广大社会公众而发布的，其目的也是要让公众了解重大事项和决定，所以公报的措辞很少用晦涩难懂的专业术语。因为是面向公众，所以也无须保密，也没有主送机关、抄送机关这些其他公文常见的受众。

其次是内容的严肃性。公报所要展示的是在一定区域范围内的重大事项和决定，发文的级别一般较高，公众的关注度也高，所以在内容上就需要具有严肃性。

最后是形式的多样性。公报多通过党政机关的门户网站或者新闻媒体向社会发出。如果是用以报道重要会议、会谈的情报和决定的公报，可以归类为"会议公报";如果是党和政府高级别的领导机关、职能部门发布重大决策、重大情况、重要事件的公报,可以称为"事项公报";如果是国家之间、部门之间等两个以上主体发布的公报就是"联合公报"。

写作技巧

1. 完整表达事件

公报注重的是"公而告之",所以必须要将整个事件、决定精练地表达出来,时间、地点、主体、内容等要素都是必不可少的。公报可以不需要过多华丽的辞藻进行修饰,但叙事一定要准确、完整。

2. 灵活运用写作方式

公报可以采用分段式的表达方式,每段表达一项内容,在开头可以用"指出""强调""号召"等关键词引出表达内容。对于内容复杂的、要点较多的公报,可以用序号式的表达,可以做到层层递进同时又互不干扰。

第四节　公　告

公告,下行公文,适用于政府、机关团体向国内外宣布重要事项或者法定事项。对外公布经会议讨论通过的重大决策事项。

应用场景

为了能招录到优秀人才充实公务员团队,A市政府决定面向全市开展市直机关公开遴选公务员。公务员遴选要经历报名、资格审查、笔试、面试、体检等多个环节，而每个环节都必须发布具体要求、接受公众监督。按照时间节点发布各项公告的任务又落到老王和小马手中了。

"小马，你是通过公务员考试招录的，对于这块儿你应该很熟悉了"，老王向小马问道："你觉得应该通过什么样的形式，能让全社会都知晓我市公务员遴选活动的要求？"

"我之前都是在政府的门户网站上看到的，主要是招录各阶段的公告。信息发布的文体都是公告，而不是通知，这有什么讲究吗？"

"公告，顾名思义就是向公众进行告知，相对于通知，公告面向更广泛的群体，而通知的受众范围相对较窄。公告和通知在内容属性、使用权限上都有明显的区别。这个在稍后的公告撰写中我再慢慢教你，现在咱俩赶紧把这个公告撰写出来。"

说罢，老王和小马就投入紧张的工作中。

写作范例

××省A市2022年度市直机关公开遴选公务员公告

为进一步优化市直机关（含参公管理机关、单位，下同）公务员队伍结构，健全基层公务员培养选拔机制，根据公务员法《公务员公开遴选办法》和《A市市直机关公务员公开遴选办法》等规定，市委组织部决定开展2022年度市直机关公开遴选公务员工作。现将有关事项公告如下：

一、遴选原则

坚持公开、平等、竞争、择优原则，按照德才兼备、人岗相适的标准，采取考试与考察相结合的方式进行。

二、遴选职位计划、报名范围及资格条件

⋯⋯⋯⋯⋯

三、遴选程序

（一）发布公告。

（二）报名。

············

四、其他事项

1.本次遴选工作由驻市委组织部纪检组全程监督，监督举报电话：×××× ××××。

2.报考政策、咨询电话详见附件《职位表》。

3.本《公告》由市委组织部负责解释。

中共 A 市委组织部

2022 年 5 月 21 日

范例解读

公告发布之后，在全市公务员系统反响良好，报名遴选工作有条不紊地开展起来。

在办公室里，老王接着上次的话题，又同小马聊起来。

"通过这段时间的锻炼，相信你对公告这种文体的特点已经有所了解，对公告与公报、通知等其他形式公文之间的区别也能够掌握了。但其实现在很多地方对公告的使用还不规范。"

"我也有这种感觉，很多不适宜用公告的地方或者无权发布公告的机关都使用公告，破坏了公告的严肃性。"小马说出了自己的见解。

听到小马的话后，老王倍感欣慰："小马，从刚才的话中，可以看出你还是善于观察和思考的，这对于我们今后的工作很有帮助。"

"既然这样，那我今晚回去就将公告的有关特征、适用范围等做一个笔记。"小马高兴地说。

（1）发文机关的限定性。公告宣布的是重要事项，所以发文机关的层级一般较高；一些具备特定法律职权的部门，如税务局、法院等，也可制发公告。普通的党团组织、人民群体等不能发布公告。

（2）发布范围的广泛性。公告可以向国内外发布，可见其范围之广。

（3）发布内容的重要性。公告的内容大都是在国内外能够产生一定影响的重要事项，否则就无发布公告的必要。

写作技巧

1. 公告不得随意制发

因为公告涉及的制发机关级别较高、内容较重要，一般情况下不轻易制发，尤其要注意不能与声明、启事等混为一谈。

2. 公告写作的语言要体现出庄重性

文简而事白、文简而事丰，力求用词简练准确，语气平和，不宜使用夸张、比喻一类的修辞手法。

3. 其他事项

公告的主题要集中，切忌文不对题或者观点分散；公告的事项要准确具体，切不可含混不清甚至自相矛盾；公告具体指向的事项要具有可操作性，不能笼统。

公告是面向国内外的，"晓谕天下"，涉及面广，对于国家形象的影响巨大，因此，要反复斟酌、谨慎行文。

第五节 决 定

决定，下行公文，适用于对重要事项作出决策和部署、奖惩有关单位和人员、变更或撤销下级机关不适当的决定事项。

📚 应用场景

人大常委会结束了，老王带着小马去了一趟县法院，提前沟通调研工作。

办公室里，老王和法院负责相关事宜的老章商量着调研事项。小马插不上话，正有点无聊，小刘走了进来。

小马和小刘是同学，经常联系。小马亲切地打招呼："小刘，听说你马上是助理审判员啦！"

老章说："可不是嘛，通知都下啦！"他顺手把桌上的文件递给小马，指了指文件标题"关于任命刘 ×× 等同志为助理审判员的通知"。

"哎哟，这真要恭喜了……"小马说道。

回去的路上，老王说："我总劝老章研究公文，他说这些都是形式，工作是干出来的，又不是写出来的。这次闹笑话了吧。任命人员，怎么能用通知？"

小马疑惑说："王哥，我也觉得怪，怎么不用决定？"

老王说："待会儿回单位，你可以帮老章重新写个决定，练练手！"

📚 写作范例

关于刘 ×× 等同志任职的决定

本院各部门：

根据《中华人民共和国人民法院组织法》和《中华人民共和国法官法》的有关规定，由本院院长提名，经院党组会议研究决定并报请上级法院审核，同意任命：

刘 ×× 同志为 ×× 市 ×× 县人民法院审判员；

×× 同志为 ×× 市 ×× 县人民法院审判员；

×× 同志为 ×× 市 ×× 县人民法院审判员；

×× 同志为 ×× 市 ×× 县人民法院审判员；

×× 同志为 ×× 市 ×× 县人民法院审判员；

×× 同志为 ×× 市 ×× 县人民法院审判员；

×× 同志为 ×× 市 ×× 县人民法院审判员；

…………

院长 ×××

2022 年 6 月 5 日

范例解读

小马改完，老王频频点头："别看就把通知改成决定，改了这两个字，公文政治性、严肃性、准确性，才能得以体现。回头，你还可以自己再多了解一点。"

这天下班，小马没有立刻回宿舍，而是认真地查阅了决定的特点。

决定，包括法规、部署、奖惩、任免、宣告等种类。

决定的标题，一般包括发布的原因或事项，决定的正文要言简意赅，尤其要在开头说清楚发布的背景、目的。

小马列出一张表，帮助自己对照分类。

决定的种类	开头的写法
法规性决定	针对不同性质的问题，应依据什么法规采取何种处理方法
部署性决定	部署任务的原则、措施、要求
奖惩性决定	奖惩对象的人、事，奖惩的形式
任免性决定	任免依据、任免者、审批者
宣告性决定	宣告的具体事宜

写作技巧

1. 不同的结构需要

决定的内容具有多样性，决定了其写作结构的差异。通常而言，奖惩、任免、宣告性的决定，主要围绕具体问题，内容相对单一，文字篇幅较短，因此大多采用"单段式"的结构，说清即可。

法规性、部署性的决定，即站在法律法规或行政的角度，对某一重要工作行动的相关决策向下广泛传递，为此需要阐述清楚决策从何而来，包括问题背景、原因，决策出发点、依据、形成方式等。这类决定，在开篇就要提纲挈领完成表述，随后再写部署的具体内容。如果部署的内容较多，应逐条分解列举。

2. 不同的篇幅比例

决定有不同的结构，就会产生不同的篇幅比例，从而确保文字长度搭配合理、详略有序。

通常而言，奖惩、任免、宣告性的决定，其开篇部分和主要内容文字比例近似，也可能开篇阐述的原因、背景、依据、法规等内容篇幅长于实际决定内容。

法规性、部署性的决定，虽然强调开篇论述的重要性，但开篇篇幅占比应略小，要用大篇幅说明决定的主体内容。

3. 不同的写作方式

法规性、部署性的决定，在写作方式上应偏重说明，并适当运用议论。其中，说明文字应主要用来表达决策内容、提出要求和具体事项，而议论文字则主要用于全文和每一段落的开头部分，用以明确主旨、提出观点。此外，在表彰类决定的结尾，还可以提出希望、发出号召。

第六节　命　令

命令，可简称为"令"，适用于各级人民政府公布法规、规章，或宣布施行重大强制措施，也可以用于嘉奖下属单位和人员。

应用场景

中午，常委会办公室几个同志都没有睡意，聊起了市里 B 县的情况。

谈到招商成功，大家兴致勃勃。提到最近两起山火事件，大家都为财产损失感到惋惜，也为没有造成群众伤亡而庆幸。

有人说了句："清明节快到了，我听说，要下命令全县山林禁火了。"

大家一片赞同声，都觉得好。

小马问老王："王哥，以前我只听说过主席令，没想到县里也能发布命令。"

老王说："那可不，你要学的还多着呢。县级人民政府发布命令，是依据《中华人民共和国地方各级人民代表大会和地方各级人民政府组织法》来的，不信你查查。"

看老王说得这么肯定，小马查了一下，果然发现"县级以上的地方各级人民政府行使下列职权：（一）执行本级人民代表大会及其常务委员会的决议，以及上级国家行政机关的决定和命令，规定行政措施，发布决定和命令……"

小马说："王哥，你这记忆力太好了。"

"老王这脑子，以后能派上大用场！"大家拿这话题开了会儿玩笑，各自散了。

没过几天，小马真的在县政府网站看到了禁火令。

写作范例

××县人民政府关于森林防火禁火的命令

各乡镇人民政府、街道办事处，县府各部门：

清明节将至，祭祖扫墓、踏青游玩等活动急剧增多，野外农事用火呈不断上升态势，森林防火形势日益严峻。为做好全县森林防灭火工作，有效预防森林火灾，保障人民群众生命财产安全，保护生态环境和森林资源，根据《中华人民共和国森林法》《国务院森林防火条例》《××省森林消防条例》等法律法规规定，经县政府同意，特发布森林禁火令：

一、禁火期

2022年3月19日至4月30日。

二、禁火区域

全县林地及距林地边缘50米范围内，××陵园等其他公墓场所为森林禁火区。

三、禁火要求

（一）在禁火区域内，不得携带烟花爆竹、香、纸、烛等火种上坟祭祖；不得……；不得……

（二）森林、林地的经营单位和个人，应当在其经营范围内承担森林防灭火责任，设置森林防火警示宣传标志；应当……

（三）进入森林禁火区域的车辆和个人，自觉接受乡镇人民政府、街道办事处和森林防灭火部门的登记、检查，应……；应……

（四）严禁无民事行为能力和限制民事行为能力人，未在监护人有效监护下进入禁火区域。

（五）任何单位和个人发现野外用火，应及时举报；发现森林火灾，立即向当地人民政府或森林消防指挥机构报告，森林火警电话12119。

四、处罚措施

凡违反本《森林禁火令》规定的，由公安机关和林业行政主管部门依照相关法律法规追究法律责任；构成犯罪的，由司法机关依法追究刑事责任。

本令自公布之日实施。

×× 县人民政府

2022 年 3 月 16 日

范例解读

小马看完命令，忍不住问老王："王哥，为什么这个问题，县政府需要下命令呢？"

老王说："一直以来，冬至、清明节山林火灾问题，都属于难题。以前，都是在清明节到来前开常规部署会议，发个通知，要求山林禁火，起不到太大作用。有些地方，甚至还特意将这个会放在清明前一周，避免开得太早，基层把这个工作忘了。"

老王接着说："现在，有了这个命令，形式上就严肃多了，而且也可以长期、稳定地产生限制作用，不需要每年都开会、发通知。出现问题，就按命令上的处罚措施执行。"

小马说："看来，命令的威力确实比通知大！"

老王随后又给小马介绍了命令的标题结构，小马细心地整理成如下表格。

标题结构	标题案例
发令人职务或机关 + 文种	《中华人民共和国主席令》《中华人民共和国国务院令》
发令机关 + 事由 + 文种	《×× 县人民政府关于森林防火禁火的命令》
发布机关 + 文种（较少见）	《×× 市区 ×× 防控指挥部令》

写作技巧

1. 命令有不同类型，正文写法的种类也有差异

用于公布的命令，应写清公布内容、来源、执行方式、针对对象。用于行政的命令，应写清依据、事项、要求。

2. 语言要精准

"精"是指用字应简练扼要，"准"是指要求肯定明确。与命令有关的时间、地点、组织、目的、方式等，都要列出具体内容。

3. 内容要对照

有命令，就要有禁止措施。在实际生活中，令行才能禁止，禁止才有令行。在命令公文的内容结构上，要有明确的对照内容，即被命令者必须做什么、可以做什么、不能做什么、做错会受到什么惩处等，都应列成条款加以对比。

现实中，一些较短的命令公文可能并没有体现"禁止"内容，或者以禁止内容的命令也没有体现"允许"内容，但这种写法并不能成为惯例。

4. 语气的势能

优秀命令公文，一般都具备强劲的语气势能。命令往往承担重要政治、经济、社会历史使命，其行文气势高屋建瓴，令人无可置疑。在语言上，可多使用"必须""不得""禁止"等绝对限制用语。在行文上，开头和结尾应简短、铺垫应干净利落，转折应坚决有力。

第七节　通　　知

通知，下行文，适用于发布、传达要求下级机关执行和有关单位周

知或者执行的事项，批转、转发公文。通知是所有公文中应用范围最为广泛的文种。

应用场景

老王问小马："小马，在你接触到的公文里面，哪种类型最多、最常见？"

"那当然是通知了。"小马自信地答道，"这方面我可是做过功课的。通知是使用最多的公文文种了，人事任免通知、会议通知、事项通知，等等，不一而足。而且通知对发文机关的层级要求不高，任一层级的机关都能在权限内发布相关的通知，这可能是通知使用频率最高的原因之一。"

"你回答得很对，而且通知主要的目的是告知，所以对语言、文体等要求也不是那么严格，这也是很多单位喜欢用通知的原因之一。这不，市里准备召开今年的商务工作会议，你向市政府办的有关同志了解一下情况发个通知吧。"老王把这项任务交给了小马。

"你知道为什么要发通知，而不是通告吗？"老王忍不住又问了一句。

"这个问题可难不倒我，通告的受众是不确定的广大群众，而通知的受众明确、事项具体。"小马自信满满。

老王点点头，笑眯眯地说道："去忙吧。"

写作范例

关于召开 A 市全年商务工作会议的通知

各区、县人民政府，市政府有关部门，各有关单位：

经市委、市政府主要领导研究决定，定于 2022 年 5 月 1 日至 3 日在市委党校会议室召开（地址：××路××号）全年商务工作会议。现将有关事项通知如下：

一、大会主要议程

1. 听取××副市长工作报告；

2. ××市长讲话。

二、出席会议人员

1. 各县、区人民政府负责人及商务工作主管部门主要负责人。

2. 市政府有关部门、各有关单位主要负责人。

3. 市大型商贸公司代表。

三、会议其他事项

1. 各区、县、有关部门和各有关单位工会要及时将会议召开情况向单位的主要党政领导汇报，并尽快将书面通知送达各位负责人员，要求其做好准备工作，保证届时参会。

…………

特此通知。

A市工商联

2022年1月7日

范例解读

"王哥，你帮我审核一下，这篇通知写得没有大问题吧？"小马拿着拟好的通知稿件找到了老王。

老王将稿件看了一遍，点了点头，说道："没啥问题，通知的基本要素都包含了。判断一个通知写得是否成功，可以进行换位思考。假设你是被通知的人，在接到通知之后，能不能迅速准确地明白要做的事情？如果一看就明白了，那通知就合格，否则就不合格。"

"就像会议通知，必须包含在什么时间、什么地点、哪些人参加什么内容的会议、需要做哪些准备等要素。"小马补充道，"人事任免的通知肯定在指定的范围内公布人事任免的内容。"

"有人把通知的类型归纳为公布性通知、指示性通知、事务性通知等，这也不无道理，小马你可以把这块简单的归纳一下。"

类 型	内 容
公布性通知	用以颁布、公布规章制度而使用的通知
指示性通知	上级机关对其下属机关就某一重要方面的工作或问题阐明上级机关的主张和要求，具有严格的指挥性
事务性通知	布置工作，安排开展活动，解决实际工作中的某些具体问题
批转性通知	发文时都带有"附件"（不需使用附件形式进行行文，直接以公文主体的形式行文），"附件"是通知的主体内容
任免通知	发布有关人事任免事宜
会议通知	告知会议有关事项

写作技巧

1. 内容具体，语言确切

制发通知的目的就是告知事项、回答和解决实际问题，所以内容要具有针对性。通知的内容要有效反映受文对象的实际，能够解决受文对象面临的问题。

2. 行文要层次清楚、段落分明

层次清楚是指行文内容要符合一般人的逻辑思维，比如会议通知，要写明会议时间、地点、内容、参会人等，切不可内容含糊不清，表达缺乏逻辑性，让人摸不着头脑。

对于内容较多的通知，可以分段表述。但在设计段落分布时，要注意以下几点。

首先，一个段落要突出一个中心。这也要求段落的内容要完整，不能将完整内容分到几个段落去阐述。

其次，可以在段首加段首句或标题以突出主题的鲜明性。如果通知的内容较简单，也可省略这一步。

最后，段落之间要联系紧密、协调，要做到"分之为一段，合则为一篇"。在分段时要注意整体的匀称性，做到轻重相当，长短适度，不要长短差距过大。

3.行文要篇幅简短、文字精练

对于活动如何安排、受文对象如何去做，通知的内容应具体明确、简明扼要，要让受文对象一下就能抓住要点、把握精神。通知的制发还应当及时迅速，否则就失去了通知解决问题的实际意义了。

第八节　意　　见

意见，行文方向可作上行文，也可作下行文、平行文。主要适用于对重要问题提出见解和处理办法。

应用场景

"小马，这次市里为了打造良好的营商环境，提出要加强金融生态环境建设，确定了一系列的举措，现在要把这些要求和措施传达到县、区和各职能单位，你看我们通过什么样的方式能够更好地完成这项任务？"老王一早到单位就给小马出了个难题。

"这……"小马抓耳挠腮，一时语塞。

"其实，像这样的工作，主要是指导下面单位按照什么样的原则去做，并没有对某一项具体工作作具体要求，用意见这种公文是最好的办法了。"

"王哥，看来我要学习的地方还有很多呀，日常的工作里面还真有大学问呢。"

"对的，多看、多思考、多动手，对你的成长是很有帮助的。我们先一起把这个意见初稿拟出来让领导审阅，只要做一遍，你以后就熟悉了。"

写作范例

A 市政府关于加强金融生态环境建设的意见

A 市政发（2022）第 56 号

各县、区人民政府，市各有关单位：

为营造我市良好的营商环境，加大金融对实体经济发展的支撑作用，从而提升综合资源配置效率，助推全市经济社会快速、健康发展，现制定如下意见。

一、指导思想与工作目标

（一）指导思想

以新发展理念为指导，按照各职能部门分工明确、各司其职、统筹协调的原则，着力打造以优质的政策环境、良好的信用环境和公正的发展环境为主要特征的区域金融生态环境，促进经济金融良性互动发展。

（二）工作目标

用三年时间，基本建成信用体系健全、发展环境优化、市场结构合理的金融生态环境良好城市。具体目标如下：

…………

二、工作措施

（一）进一步优化政策环境

1.加强财税政策支持。人行、财政局等有关部门负责梳理财政支持科技、小微企业、农村金融、服务业、直接融资等奖补政策……税务部门要进一步简化金融机构税收征管程序，落实各项税收优惠政策……

…………

（二）进一步优化信用环境

…………

三、保障措施

（一）完善工作机制

市金融稳定工作协调小组具体负责制定工作规划、制度和措施，解决金融生态环境建设中的重大问题。协调小组办公室设在人民银行市中心支行。各县区金融生态环境建设工作组织领导机构分别设在县人民银行和区金融办。

（二）强化督查考核

…………

（三）强化舆论宣传

加大宣传教育力度，充分利用报刊、广播、电视、网络等新闻媒体，多层次、全方位宣传金融生态环境建设的重要意义，积极构建政府部门支持、金融管理部门统筹、金融机构配合、社会公众参与的公众金融教育体系。

A 市人民政府

2022 年 6 月 11 日

范例解读

老王拿着刚发布的文稿，对着小马说道："小马你来看下，通过这篇意见，你能发现意见这种公文有哪些特点？你看是不是像我所说的，意见是对重要问题如何解决提出的方案？因为解决的事情重要，所以牵涉的部门也比较多，无法用通知要求具体的部门做具体的事。"

"王哥，你说的是其中的一方面，另外我还发现，意见的指导性很强，强制性意味就不那么浓，是对重要系统工作提出原则性的意见。意见提出的建议和工作要求都是围绕着重要工作来的，所以针对性也较强。"

"你观察得很仔细，"老王接着说，"此外，意见多是下行文，但也可以是上行文，比如对上级机关的工作提出建议意见，有的时候还可以是平行文。你在以后的工作中会遇到不同行文方向的意见，行文方向的不同会影响到意见的具体写作，你不妨先对这个问题展开思考。"

写作技巧

意见是行文方向兼容的公文文种，对于不同行文方向的意见，撰写时也有不同的要求。

对于上行方向的意见，要注意与请示等文种区分开。简单的区分技巧是：凡向上级机关要人、要物、要编制等具体事项时，适合用"请示"；向上级机关要政策、办法等资源时，可以用意见。上行文的语气要诚恳，多用商量的语气，如"我们认为""我们建议"等词句，切不可将自己的想法强加给上级机关。

对于下行方向的意见，语气上，如是肯定，可使用"希望你们"等带有祈使语气的词句；如是否定性的指令，可使用"不可""不得"等带有禁止语气的词句。

对于平行方向的意见，如涉及某一重要问题所提的见解和处理办法，只是供对方参考，而不具有指示性或者不需要回复时，可以用"意见"。除此之外，应当用"函"的方式。平行行文的意见，应多用商量、谦恭的语气，以取得对方的理解和支持。

第九节　通　　报

通报，下行文或者平行文，适用于表彰先进、批评错误、传达重要精神和告知重要情况。

📚 应用场景

为了表彰先进，表达市委、市政府对于企业发展的关心和支持，市委、市政府在全市范围内评选出了 100 家优秀企业，并决定以适当的方式向全社会对此情况进行公布。

"小马你看，市里的这项要求应该用什么样的公文形式发布？"老王向小马问道。

"通知肯定不合适，这项决定不能仅在有限的范围内公布，那样就达不到预期的表彰激励效果。另外，这个评选 100 家优秀企业的内容也不适合用通知。用通告也不妥当，通告一般是公布应当遵守和周知的事项，与我们这个内容完全不符。"小马接着补充，"用通报比较合适。但在人们的印象中，通报多用来批评错误，比如纪委监察部门就经常通报一些违法违纪的事项。"

老王："嗯，的确应该用通报，我们时常也会见到用通报表彰先进的。其外，通报还可以用来告知一些重要的情况，比如前段时间大家广泛关注的社会性事件，用的就是通报。我们这次既然是表彰先进，在通报的用语上就要表现出对这些优秀企业的肯定，同时也要号召其他企业向这些优秀企业看齐。来，我俩好好斟酌一下。"

📚 写作范例

A 市人民政府关于表彰 2021 年度辖区优秀企业的通报

各区、县人民政府，市直各单位：

2021 年，面对复杂严峻的国际贸易形势，全市上下……涌现出一批锐意改革创新的优秀企业典型。

为表彰先进、宣传典型，进一步激发广大企业的干事创业激情，经研究，决定对××有限公司等100家企业予以通报表彰。希望受表彰的企业能够再接再厉、再创辉煌，也请全市广大企业以受表彰企业为榜样……为……而奋斗！

附件：A市2021年优秀企业名单（排名不分先后）

2022年1月19日

范例解读

按照惯例，在每篇公文发布之后，老王和小马都要进行"复盘"。

老王首先说道："通报主要有三个用途：表彰先进、批评错误和告知重要情况。表彰先进就像我们市里刚发布的这篇；批评错误的也有很多，哪个同志犯了错误就会受到通报批评。另外就是告知重要情况，每次遇到重大舆情事件的时候，警方都会及时发布警情通报，告知事情处理的进展，消弭公众的疑虑。"

小马也发表了自己的见解："我觉得通报跟其他公文文种还有个显著的区别，那就是语气上带有很丰富的感情色彩。其他文种，要求用简练的语言把事情说清，而通报则不一样。就拿市里这篇表彰优秀企业的通报来说，很大篇幅上都在讲这些优秀企业的贡献，并号召其他企业学习。读起来有种催人奋进的感觉。"

"你再看看纪委发布的通报，很多都有'仍不收手''不收敛'的表述。这种表述可以听出令人愤慨的感觉，是对那些贪腐分子的唾弃和震慑，也很好地发挥了通报的作用。"老王继续补充。

写作技巧

撰写通报表彰的公文时，典型事例要生动具体，具有先进性和代表性。可先将事情发生的时间、地点、过程、结果等表述清楚，然后再具体分析其意义所在，肯定成绩之后加以表扬，并号召大家向其学习。

撰写通报批评的公文时，应先用简洁的文字叙述事情发生的起因和经过，但要确保将事情的重点阐述明白。之后再对事件进行分析评论，指出事件的危害性，通报对人对事的处理结果。最后，总结从中得到的经验教训，针对性提出具体的解决方法或者重申纪律以示告诫。

对于情况通报的公文，一般是先简明扼要地叙述情况，然后再分析议论，最后可以提出意见、建议。对于分析和评论的部分，可以适当发挥，阐明自己的态度。

第十节 通 告

通告，下行公文，适用于在一定范围内公布应当遵守或者周知事项的周知性公文。

应用场景

为了畅通群众与政府的沟通渠道，倾听群众心声，解决群众急难愁盼的问题，全省上下都在开展"在线政务访谈"活动。A市政府相关领导安排老王和小马所在的科室就"在线政务访谈"活动向群众发通告，以便大家广泛参与。

"王哥，这个通告和通知有什么区别？为什么这次不用通知的形式发布？"小马这次主动问道。

老王停下了正在不停敲击键盘的手，对着小马语气平静地说道："你这个问题问到点子上了。你看我们平时写的通知，一般都有明确的收文单位，内容都是转发、批转公文，或者是传达、要求下级单位执行某些规定。"

老王顿了顿，又接着说："而通告呢，其受众是群众，也就没有明确的收文单位，在强制性上也没有过严的要求，而且通告的内容比较专业。小马你来，帮我检查下我这份通告的初稿有没有什么遗漏的地方。"

写作范例

A 市关于开展"在线政务访谈"的通告（第一期）

（2022 第 ×× 号）

根据全省"开门听声、在线访谈"工作计划的安排，现就我市第一期"在线政务访谈"相关事项通告如下：

一、定于每周三上午 9:30—11:30 开展活动（如遇法定节假日则顺延至下周）。

二、每期活动围绕固定的主体开展，并由相关职能部门负责同志主持解答工作。第一期的主题为"推动房地产市场健康发展"，主持嘉宾为市住建局局长王 ×× 同志。

三、广大市民同志可在每期活动开始前三日内，在 A 市政府门户网站"在线政务访谈"版块留言。活动开始时，A 市人民政府门户网站和 A 市新闻网同步在线进行，欢迎各位网友登录相关网页（http://www.……）积极参与，并按提示留言。

特此通告

A 市在线政务访谈工作领导小组

2022 年 2 月 16 日

范例解读

A 市的在线政务访谈工作取得了巨大成功，得到了群众的好评，预先发布的具体通告发挥了重要作用。

通告发布后，老王拿着这篇通告跟小马说起了通告的特点和写作方法。

老王："你看这篇通告，通篇很少有'必须''应当'这样的命令性词语，足以看出通告虽然有约束性的作用，但并不具备很强的命令性。可以说，通告就是在告诉群众应该怎样去做，所以常用'倡导''希望'这样的表达。"

"还真是这样，很多通告读起来没有很强的命令性。"小马补充道。

"另外，你再仔细读读，通告是不是面向全体市民的？所以它有受众但没有收文机关，因为每一个市民都是'收文机关'。通告也只告诉了市民需要做哪些，而没有说违背了之后会有什么惩罚。因为惩罚是需要依法作出的，设定惩罚后果就超出了发文机关的权限。"老王补充道，"通告与通知虽一字之差，但双方的区别还是很明显的。"

下班之后，小马又在笔记本上增加了一项内容："通知与通告的区别。"

项　　目	通　　知	通　　告
适用范围	适用于发布、传达要求下级机关执行和有关单位周知或者执行的事项，批转、转发公文	在一定范围内公布应当遵守或者周知的事项
收文机关	一般具有明确的受文对象、明确的主送机关	一般没有明确的收文对象和主送机关，多是泛指，大多数都是直接行文或直达行文
强制程度	具有很强的命令性和约束性，下级机关和有关单位必须履行上级机关所要求的事项	也具备约束性，但命令性强
内容特点	内容具有一定的专业性	内容较为广泛
发文机关	层级较高的机关发布	可以由各级机关、人民团体、企业或事业单位发布，临时单位亦可发布相关权限范围内的通告

写作技巧

通告的撰稿者要有政府意识和法律观念，通告的事项不能与现行政策或法律有冲突。不符合法律、政策的通告，是无效的通告，会造成负面效果，甚至引发不良舆论。

涉及专业性公务的通告，要求撰稿者具有一定的专业知识储备。在选择专业术语时，尽量选择一些为大多数人所熟知的专业术语，不宜选择使用一些生僻、冷门的术语。

内容要具体、突出。通告讲求一文一事、中心明确，这样才能使被通告者有深刻的印象，才能使受文者明确要领。

总之，通告的撰写中要注意全文结构的严密性和逻辑性，层次要分明，文字表述要确切，语气要庄重平和，以方便受文者理解、遵从。

第十一节　报　　告

报告，上行文，适用于向上级机关汇报工作、反映情况，回复上级机关的询问。

应用场景

省委党风廉政建设专项巡视组代表省委对 A 市进行了专项巡视，对发现的问题列出清单反映给了市委。市委表示对巡视组的清单"立行整改"，整改措施现已基本落实到位，市委要求市委办将反馈意见整改方案报告给省委。

"这是向上级单位汇报工作，是向上行文，应该用报告这种公文文种"，由于时间紧急，老王也没有像平时那样"考"小马了，而是直接对小马提出了要求。

"这就是大家常说的'打个报告'吗?"小马问道。

"不完全是，有时大家口语化的'打个报告'，可能是请示或者意见，并不是我今天跟你说的报告。在公文文种中的报告，特指向上级机关汇报工作、反映情况或者回复上级机关的询问，是非常严肃的一件事。报告这个词在中文中应用很广泛，但那些审计报告、鉴定报告、调研报告等，与我们今天所要完成的报告不是一回事。"

小马肃然说道："这么一说，我感觉确实紧迫。这个报告这么重要，我们要立马行动起来了。"

写作范例

中共 A 市委关于报送
党风廉政建设专项巡视反馈意见整改方案的报告

中共××省委:

按照省委党风廉政建设专项巡视组的要求，为切实抓好落实监督检查的反馈意见，进一步加强党风廉政建设，现将整改方案汇报如下。

一、整改原则

全面贯彻落实党的十九大五中、六中全会精神和省委关于加强党风廉政建设的重要决定……

二、组织领导

A 市委收到专项巡视组的反馈意见后，高度重视，立即召开党委会，针对反馈意见中的问题，逐一梳理，明确了责任清单和整改时限。为确保整改工作有序推进，市委成立整改工作领导小组，由市委书记 ×× 任组长，各分管领导任副组长，各职能部门负责人为领导小组成员。

三、整改要求

…………

四、强化督查

…………

五、建章立制

…………

特此报告

附件：1.整改问题清单

2.整改责任清单

3.整改措施清单

中共××市市委

2022 年 4 月 20 日

范例解读

对于报告应当怎样去写，老王和小马在办公室又展开了讨论。

老王说道："因为是向上级机关汇报工作，报告的首要特点就是具有汇报性，所以要把事情说清楚，篇幅不宜过长。"

"在语气上，没有过多的感情色彩，也不像请示等文种那样带有请求的意味，更多的是平铺直叙，直截了当地向上级机关说明发现了什么问题、做了哪些工作等。此外，报告也多是事后或者事中行文，不像请示那般是事前行文，待上级机关批复后再去做事。"小马接着补充道，"报告还是典型的单向行文，上级机关不会对行文的内容进行批复、批示。"

老王又叮嘱小马："报告在我们今后的工作中会经常用到，不能与请示、意见等文种混淆，更不能与通告、公报等混淆。"

写作技巧

在党政机关的工作中，会遇到需要向上级主管机关进行集中回复和正式汇报的情况，此时报告就能派上用场。能否写好一篇报告，其实也是在考验执笔者的综合工作水平。

写好报告，要注意以下几点：

第一，行文风格上不宜浮夸。报告以"讲事情"为主，需要在不长的篇幅内将所做的事情汇报清楚，那些"假大空"的套话，并不会引起上级机关领导的注意，反而会让报告有"冗余"感。如果内容过多，不宜在正文中进行叙述的话，可以采用"附件"的方式附在文后。

第二，层次分明、重点突出。上级机关想看到发文单位解决了哪些问题、做了哪些努力、建了哪些制度等，所以在报告的时候一定要突出这些重点。通过分段落的方式叙述不同方面的内容，让上级领导一目了然，如果没有区分层次、突出重点，就会让人不知所以。

第十二节　请　　示

请示，上行文，是下级机关向上级请求指示、批准或者批转的一种最常见的公文文体。

应用场景

电话铃声响起，老王一看来电显示的号码就知道又是市交通局打来的电话。为了加快"十四五"期间市里的高速道路建设，市政府专题会议决定由市交通局代拟相关的意见。为了这个事，交通局已经多次打电话跟老王商量如何办理。

"你好，我是交通局的小赵呀。市里让我局代拟的意见，我们已经基本完成了。你看我们以什么样的方式向市里汇报？是打个报告吗？你是这方面的专家，你要给我们出出主意把把关呀。"

"客气了，专家谈不上，我们也只是接触各类公文比较多而已。像你刚才说的那种情况，不能用报告的形式，准确的应该是向市里进行请示。"老王回答道。

"请示有什么需要注意的地方？"小赵又接着问道。

"按你说的情况，你们属于要求给予批准的请示。请示都是一事一文，一个请示只能要求上级机关就一件事情给予批复。因为是向上级机关行文，所以请示的用语要注意，一般都是在末尾另起一段，写上'当否，请批示''妥否，请批复'等。另外，在请示事项未得到批复之前可千万不能动工。"

"好的，谢谢，后续有不懂的地方我再向你请教。"

写作范例

关于提请市政府印发加快"十四五"高速公路建设意见的请示

市政府：

为深入贯彻新发展理念，推进交通强国战略的实施，加快交通业服务国家战略的实施，切实落实"六稳""六保"要求，抢抓政策机遇，需全面加快推进我市高速公路建设，适应我市经济社会高质量发展要求。

为建立有效的管理机制，完善资金保障体系，保障相关项目顺利实施，确保高质量完成"十四五"期我市高速公路建设任务，我局起草了《××省A市人民政府关于加快"十四五"高速公路建设的意见》（代拟稿），现随文报送，呈请市政府印发实施。

妥否，请批示。

附件：××省A市人民政府关于加快"十四五"高速公路建设的意见（代拟稿）

2021年3月15日

（单位印章）

（联系人：李××，135×××××××××）

范例解读

办公室里，老王拿着这份请示稿件，跟小马谈起了请示公文应当注意的问题。

"首先，从请示的标题看，最常用的是发文机关名称加事由和文种构成，如市交通局关于提请市政府印发加快'十四五'高速公路建设的意见的请示。"老王接着说，"发文机关是市交通局，事由是提请市政府印发加快'十四五'高速公路建设的意见，文种当然就是请示了。当然，发文机关可以不在标题中出现，因为通过落款也可以看出。"

小马拿着稿件看了一会，说："的确是这样，这样的标题让人一看就知道要请示什么事情，言简意赅，有的放矢。接下来就是请示的主送机关了，这个好理解，就是向哪个机关行文要求解决问题。正文的开头一般要交代清楚请示的缘由，接下来的主体是简要讲清楚需请示的事项，在结尾处要另起段落写明妥否请予批示。"

"你有没有发现请示有一处地方是同别的公文文种不同的？"老王禁不住又想考一考小马。

"是不是在公文的最后有一个附注，把发文机关的联系人、联系方式附注在公文中了？"小马回答道。

老王笑了笑："的确是这样，请示的事情都比较紧急，留下联系方式方便沟通，实现有效的上传下达。"

写作技巧

作为党政机关的公务人员，一切要按照工作程序办理，特别是向上请示的公文，必须注意以下原则的应用：

第一，切忌多头请示。多头请示是指向多个上级机关进行请示，这样会让上级无法批复，或者出现批复内容冲突的情况，不利于所请示事情的解决。另外，请示不宜向上级机关领导个人行文。

第二，切忌先斩后奏。请示的目的是要上级机关解决发文机关所不能解决或不在其职权范围内的重大事项。如果把事情办完了再请示，就违背了请示的初衷了，甚至要承担相应的违法违纪后果。

第三，切忌越级请示。这是各级机关的职能和职级路线所决定的，越级请示是大忌，即便上级机关解决不了所请示的事项，也应当由上级机关再逐级请示。此外，请示是典型的上行文，不得抄送下级机关。

向上级机关进行请示，语气上要平实诚恳，力求简洁、准确。对于请求上级机关做出什么指示、批准什么事项，必须表达清楚，不可模棱两可、拖泥带水，甚至不知所云，让上级机关无法做出批复。

第十三节　批　　复

批复，下行文，适用于上级机关答复下级机关的请示事项。批复与请示相对应，因为有下级机关的请示，所以上级机关需要做出批复。

应用场景

A市辖区的B县将县城总体规划向市政府做了请示，该规划也已经市政府审议通过，现需要将相关的批复意见立即下达给 B 县，以方便 B 县及时开展工作。

"小马，你看看这个批复怎么写才合适？"老王首先"发难"。

小马仔细看了 B 县的相关请示后，回答道："应是针对 B 县的请示事项来做出批复。其在请示中没有涉及的事项，不能做无根据的批复。"

"这点你说得很对，"老王夸道，"批复就是有针对性地回复。下面请示什么，我们就批复什么，可以说批复是被动提起的。另外，一旦批复了，下级机关就要按照批复的内容去做，这一点不容商榷。所以，批复具有权威的制约性、指导性，这也注定批复不能乱批，一定要态度明确、指示清楚，不能让下级机关去猜谜、去揣度。"

老王接着说："我们一起把这个批复初稿拟出来，等到下次，你就可以自己独立完成了。"

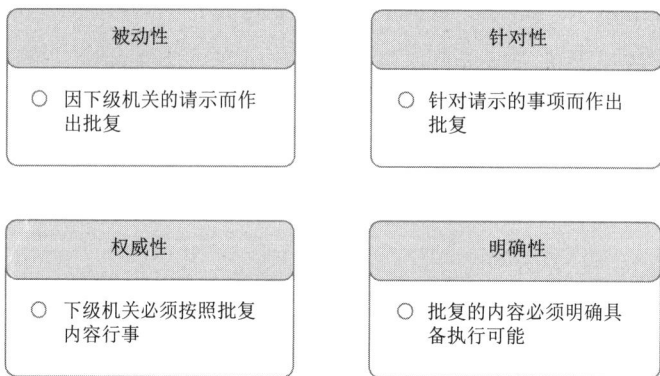

被动性	针对性
○ 因下级机关的请示而作出批复	○ 针对请示的事项而作出批复

权威性	明确性
○ 下级机关必须按照批复内容行事	○ 批复的内容必须明确具备执行可能

写作范例

A 市人民政府关于 B 县县城总体规划的批复

B 县人民政府：

《B 县县城总体规划（2020—2030 年）》已经 2020 年 4 月 15 日市政府第 16 次常务会议审议通过。现批复如下：

一、原则同意《B县县城总体规划（2020—2030年）》（以下简称《总体规划》）。

二、B县县城定位：市域副城，打造以高端装备制造和现代物流为主导的滨水园林城市，到2030年城区城市人口约为40万人，城市建设用地46.60平方公里。

三、县城规划区范围：北到……东至……西至……南至……

四、《总体规划》实施统筹城乡发展；要进一步优化用地布局，合理控制城镇开发边界，切实加强城镇建设用地节约集约利用，促进城市紧凑发展。

请你县根据上述要求，结合《A市城市总体规划（2020—2030年）》，进一步完善《总体规划》的内容和深度，抓紧编制近期建设规划、详细规划和各专业专项规划。加强规划管理工作，抓好《总体规划》落实。

2020年4月20日

范例解读

批复下达后，老王跟小马又在一起共同讨论起了公文的写作。

"我们来解读下这篇批复。首先，题目直接就是发文机关加事由加文种，比较简单，让人一看就明白，这是一种完全式的标题表达方式。如果简单一点，也可以只写事由和文种。但不管怎么样都要表明文种。"老马说道。

老马接着说："接下来就是主送机关，主送机关一般只有一个，批复也不能越级行文，如果批复的内容同时涉及其他的机关和单位，则要采用抄送的形式送达。"

"正文这块我知道，"小马接过了话茬，"正文可分为引语、意见和要求三部分。其中重要的是意见，就是针对请示事项，明确回答什么同意、什么不同意、为什么某些条款不同意、注意事项等。批复要求一般另起一段，是上级机关提出的意见建议或者指明下一步需要做的具体事项。我们市里的这篇批复，引语、意见和要求三个要素都具备，可以说是一个内容很完整的批复了。"

老王笑着建议："既然这样，你把这些心得可以写在你的'小本本'上了。"

写作技巧

1. 批复前要做好调查研究工作

首先，严格审查请示的内容和背景，了解其真实性和准确性。

其次，要充分了解和研究相关的政策与法律，使批复的内容要合法合规，切不可做出违法的批复。

此外，如果请示内容是之前已经做过类似批复的，要查阅之前的批复，保证批复内容的延续性。如果请示事项涉及其他部门职权范围的，还要在批复之前与其他部门取得一致。

2. 在做好前述工作之后，可以开始批复的行文

批复的中心内容要根据请示的事项有针对性地进行答复，答复的意见要明确、具体、具备可操作性，行文语气要肯定，不应用含混的用词或者易生歧义词句，对于请示事项更不宜发表宽泛、模棱两可的意见。

第十四节　函

函，适用于不相隶属机关之间商洽工作、询问和答复问题、请求批准和答复审批事项等情形。函类似于单位与单位、部门与部门之间的书

信往来。由于双方在法律关系和组织关系上并不隶属，使用"通知""意见""请示""报告"等公文类型均不适当，唯有"函"能发挥其作用。

根据内容区分，函包括询问、商洽、请办、告知、答复等类别。本节将以常见的询问函为例介绍。

应用场景

周一上午十点，办公室电话响起。小马立刻接起电话，是市场监管局打来的。

"小马啊，帮我起草一个征求意见的函。"小匡声音急切，"省局突然来我市检查，我们科几个人立刻要去参加。这个函也很重要，今天下午就要发出去搜集意见，你能帮我个忙吗？"

小马于是拿起笔迅速记下了要点。中午，局机关大楼安静下来，小马厘清思路，起草了这篇征求意见函。

写作范例

关于征求

儿童化妆品检查办法（征求意见稿）意见的函

各区市场监管局：

为加强儿童化妆品监管工作，防控相关风险，我局组织起草了《A市流通领域儿童化妆品检查办法》（征求意见稿），现征求各区市场监管下属部门和相关经营单位意见。

请各区市场监管局组织有关经营单位进行讨论，汇总意见并书面反馈我科。其他单位修改意见以电子邮件或传真形式反馈我科。意见反馈时间截止至 2022 年 7 月 22 日。

联系人：匡×× 　×××

联系电话：×××—×××××××××

传真：×××—×××××××××

电子邮箱：×××××××

附件：《A市流通领域儿童化妆品检查办法》（征求意见稿）

A市市场监管局药化监管科

20××年×月××日

范例解读

询问函，通常用于机关单位面向非直属的下级单位征求意见、听取建议。询问函的标题应包括两大要素，即询问方式、询问事项，如范例中的"征求"和"×××检查意见"。其他询问方式还包括"查询""了解""征集"等。

写作技巧

询问函应明确具体。首先应说明发函询问的理由，即"为什么要问"。其次应说明询问内容，犹如出题，让收函方清楚如何作答。

询问函结尾应注意告知对方联系方式，包括联系人、电话、传真等。如果有限定时间，或需对方以复函方式回复，也应列明要求。

第十五节　纪　　要

纪要，可以是平行文或者下行文，适用于记载会议主要情况、会议精神和议定事项。

▊ 应用场景

在办公室里，老王欣慰地看着自己一手带出来的"徒弟"，招招手，把小马喊到了身边："小马，我们共事了这么久，在一起也写了各种各样类型的公文，今天，我再交给你一个任务。三天后，副市长将要组织召开一次我市 5G 发展工作协调会，你去旁听，并把会议内容记录下来，以适当的方式对外公布。你看以什么方式比较合适？"

"通告合适吗？或者公告呢？"小马踌躇道。

"你再仔细看看通告、公告的适用范围和事项，这两种公文类型肯定不合适。"老王直接否定了，接着又说道，"最好的方式是纪要，会议纪要是专门记录会议情况的。等开完会后，你负责拟一篇纪要。"

小马犯难了："我承担得了这个任务吗？我以前只给会议做过记录，还从没写过会议纪要呢。"

"一回生，二回熟，你以后总要挑起这个担子的，"老王拍拍小马的肩膀，继续说道，"放心，还有我呢，你大胆地尝试，我给你把关。"

在会前，小马做足了功课，等会议结束后，小马很快就拟了一份会议纪要。

▊ 写作范例

A 市加快 5G 发展专项协调小组

2022 年第一次会议纪要

2022 年 5 月 17 日上午，××副市长在市政务服务中心四楼会议室召开了 A 市加快 5G 发展专项协调小组 2022 年第一次工作会议，××秘书长主持会议。会议听取了中国电信 A 市分公司、中国移动 A 市分公司、中国联通 A 市分公司反映的在 5G 网络建设中需要协调解决的相关问题。

会议指出，……

会议要求，……

会议议定事项纪要如下：

一、关于 5G 站址选址问题……

二、关于 5G 通信基础设施建设审批问题……

三、关于 5G 建设运营补贴问题……

四、关于 5G 建设运营中的其他问题。成立由××副市长任组长的 5G 发展专项协调小组，对于 A 市在 5G 建设运营中发现的问题，及时向专项协调小组反馈，由专项协调小组负责统筹解决。

参会单位和人员：B 县××，市发改委××，市财政局××，……

2022 年 5 月 17 日

范例解读

"你看，这篇会议纪要不是写得很好吗！"老王看过小马写的会议纪要之后，对小马提出了表扬。

"首先，对于会议内容的记载真实、具体，如实反映了这次会议的真实情况；其次，纪要详简得当，把大部分篇幅放在了介绍会议的成果上，而不是长篇累牍地介绍会议过程。"老王笑眯眯地说，"不错不错，小马是个可塑之才。"

小马问道："我还有个疑问，会议纪要和会议记录有什么区别呢？"

对这个问题，老王回答："有个很明显的区别，会议记录是不对外公开的，而会议纪要是要公布给一定范围之内的受众看的，并且要求他们要遵照执行。会议记录只是一项事务性的工作，而会议纪要属于行政公文。这下你明白了吧？"

写作技巧

1. 突出中心

纪要的重点在"要"，一定要把"要"突出出来。一次会议可能讨论了多个问题，但问题的轻重缓急程度不一样，所以在撰写纪要时要明确宗旨，形成一个中心。

2. 概括要领

在撰写纪要前，对于会议的内容要分门别类地进行分析和归纳，弄清楚主次顺序之后再动笔。对于会议形成的意见，要提纲挈领地进行理论概括，而不是被动地记录和转述。

3. 用语恰当

会议纪要多是下行方向，可用"会议要求""会议强调"等语气表述。如果是平行文或者需要上报的纪要，语气上要平和，可以使用"会议考虑了""会议讨论了"等词句。

4. 如实准确

撰写者不能随意对会议的内容进行增减或者发表个人意见，应当准确记录会议的内容。一般情况下，分歧意见不写入纪要，如果一定要写，也应当如实反映，并发表主持会议机关的倾向性意见。

会议纪要要经领导审阅和大会审议后才能定稿，这样才能更准确、充分反映与会者的意见。

第三章

事务类文书范例与解析

事务类文书是应用写作的重要文体，一般被机关、团体、企事业单位或者个人在日常行政事务性活动中用来调查情况、传递信息、制订计划、总结经验等。

事务类文书多用于为日常事务进行的写作，可以表达集体意思，也可以表达工作人员个人意思，这与党政类公文具有明显的区别。

第一节　调研（查）报告

调研报告，是对某个具体问题或者某方面情况，通过调查研究的方式，对形成原因、解决方案进行科学分析的综合性成果。

应用场景

小周和小吴是某机关事务管理局今年入职的公务员。小周是借调人员，比小吴年长几岁，小吴则通过招考进入该单位。

这天，赵科长找到小周和小吴，交给他们一项任务："前一阵子市里大力倡导建设'夜市经济'，从目前情况来看，取得了一定成效，群众也很认可这项措施。如何进一步促进'夜市经济'的健康发展，需要具体的调研。你们年纪轻、思想活，我准备把这个调研工作交给你俩共同完成，你们同商务局的同志联系一下，最后以商务局的名义出具调研报告。"

小周试探性地问道："不知道这个报告有什么要求？"

"既然是调研报告，那肯定要围绕调研的内容事项来写，全面真实地展现调研的成果。"赵科长接着说道，"当然，对于调研中发现的问题也要有所体现，并要提出科学的解决方案和建议，否则，调研的意义就不大了。"

小吴怯生生地问了一句："调研报告有什么'模板'吗？"

赵科长哈哈一笑："哪有什么'模板'，调研报告只要秉持科学的态度和公正客观的原则，把问题研究清楚就行了。小周、小吴，你们抓紧写吧，写完我来给你们把关。"

写作范例

关于进一步促进 A 市"夜市经济"发展的调研报告

在当前投资边际效应递减的情况下，消费起到了提升经济发展的主力作用，其中"夜市经济"占据了消费的大部分。为进一步提升我市"夜市经济"的发展，我市成立了以商务局为牵头单位的调研组，赴我市几个夜市经济集中区进行实地调研。现将有关情况报告如下：

一、夜市经济对地方经济发展的重要意义

（一）夜市经济可以带动城市其他产业的发展。……

（二）夜市经济可以丰富城市居民的消费需求。……

（三）夜市经济可以打造城市的文化历史形象。……

（四）……

二、先进地区夜市经济发展的经验

（一）基础设施配套完善。……

（二）顶层设计科学合理。……

（三）……

三、我市夜市经济发展存在的问题

…………

四、我市夜市经济发展的对策建议

…………

A 市商务局

20××年×月××日

范例解读

调研报告完成后，小周和小吴把报告拿给赵科长看，请他提提意见。赵科长仔细看完后说："这份报告从格式上看，符合调研报告写作的基本要求；从内容上看，也做到了具有针对性、真实性、典型性和时效性的要求。标题规范，直接用'关于××××的调研报告'的方式，主题明确。当然，标题也可以用自由式，如陈述式的'××××情况调查'、提问式的'为什么××××'等。"

赵科长接着点评："调查报告最主要的还是主文，包括前言、主体、结尾三部分。前言起到画龙点睛、引领全文的作用，可以简要介绍调研的历史背景、人员组成等，也可以直接概括调查的结果，直入主题。主体部分就是写调查得出的具体情况、经验，以及对问题的分析。结尾比较简单，写法也很多，可以提出解决问题的办法、改进工作的建议，或者是提出更深层次的问题引人思考；也可以是总结观点、升华主体；还可以展望前景、发出号召等，不一而足。"

"领导，你要提点意见，可不能光是鼓励呀！"小周和小吴同时说道。

"要说意见，这篇调研报告中还可以多加一些数据，这样更直观也更有说服力。"

写作技巧

调研报告是应用比较广泛的文种，侧重于发现问题、分析问题和解决问题，写好一篇调研报告有如下技巧。

1. 获得丰富的第一手资料

真实性是调研报告的生命线，而真实性来源于丰富的直接和间接资料。在信息时代，通过互联网固然可以获得很多资料，但这些资料多是碎片化的，只能作为调研报告的辅助资料。要写出一篇真实的、有针对性的调研报告，写作者必须深入一线做实地考察和调查，掌握第一手材料。

对于获得的大量资料，要做去伪存真的工作，筛选出最能反映事物内在规律的材料。调研报告无须面面俱到，只需针对其中的某一问题进行深入调查即可。在获得的海量资料中，写作者应通过科学分析，选出最能说明问题的数据和资料，揭示出问题的关键。

2. 文风务求朴实，用词务求准确

调研报告中的专业用语应当是概念成熟、接受度高的，非专业用语也要准确易懂。调研报告的目的就是分析问题和解决问题，需要对问题产生的原因、过程等做详细的描述。如果用词不准，会让读者难以把握报告的主旨，甚至会产生误导。如果文风浮躁，一味追求用词新颖，把简单问题复杂化描述，会让报告有"卖弄"之嫌。

3. 观点要鲜明突出，立论要逻辑严密

如果论据与观点之间没有必然的内在联系，只是片面地列数据、举事例，很难证明观点的正确性。

第二节 就职演讲

就职演讲，是就职者在成功竞聘某岗位之后，向公众宣讲自己的个人感悟、努力方向和任职目标等。

应用场景

小李、小王和小赵都是某大型互联网公司的员工，三个人既是同事也是好朋友。

这次公司公开竞聘技术部门负责人，小李凭借着自己计算机专业的优势，成功当选为技术总监。按照公司的惯例，小李需要进行一次就职演讲，方便同事尽快熟悉新领导。

对于这次的就职演讲，小李十分重视，私下里还请教了对演讲比较擅长的大学同学。

这天，小李碰到了小王和小赵，忍不住又请教起他们："你们认为什么样的演讲才算是一篇好的演讲？"

小王思考了一会说："从形式上看，演讲有标题、称谓语、正文和结尾，其中最重要的部分肯定是正文了。演讲是在公众面前表达自己观点的一项口头语言活动，所以表现也很重要，有的是诵读式演讲，也有更精彩的即兴式演讲。"

"对，"小赵补充道，"演讲的情绪和感染力很重要，就职演讲同样也讲求感染力。我记得上学时看过一位成功人士的就职演讲，就很有感染力。"

小李肯定了他们的回答："我觉得都很有道理。而且，就职演讲还要结合就职者岗位特点、个人经历实际，说一些心里话，而不是只喊口号。"

写作范例

用"工匠精神"把技术做到极致

各位领导、各位同事：

　　大家好！

很高兴能有机会和大家在一起共事，也非常感谢公司对我的信任，能够担任这个职务，我感到非常荣幸，同时也深感肩上责任重大。

我于20××年毕业于××计算机系，在校学习期间我就培养了对计算机技术的浓厚兴趣。毕业后我来到××公司工作，近十多年来我先后在××、××等部门历练，锻炼了自己的统筹协调、沟通交际等方面的能力。无论在哪个工作岗位上，我都能做到踏实工作、诚恳待人，尽心尽力地完成各项本职工作。并且我始终没有放弃对专业的钻研，先后获得了××、××等级证书，利用业余时间编写的××程序还获得过技术专利。

能够获得今天的工作机会，我深感不易，也更加坚定了自己当初选择计算机专业的初衷，我也相信在各位领导的带领下、在各位同仁的支持下，我们大家一定能在公司里获得更好的个人成长和成就。

以上是我的一些个人感悟和工作表态，谢谢大家！

范例解读

小王和小赵应小李邀请参加了他的就职演讲仪式，小李的就职演讲获得了很好的效果，大家在表示祝贺的同时，也对他的演讲内容给予了很高的评价。

回到办公室后，小王和小赵也交流起了心得。

"我觉得就职演讲首先要考虑场景，"小赵首先说道，"就职者面对的是单位的领导、同事，甚至还会有其他人。所以，演讲的内容应当与岗位内容相匹配，表达出自己的新感受，还有对未来工作的展望和期待等。"

小王也说出了自己的见解："与岗位内容相匹配很重要，这决定了演讲的方向。但是演讲的风格，我觉得可以是多样化的。在机关单位中，讲究工作的严肃性，所以演讲的风格就不能太跳脱。在企业中，就职演讲可以用诙谐幽默的方式来表达，有的时候适当'吐槽'反而能引起听众的共鸣，获得意想不到的效果。"

小赵接着补充："还有我觉得，就职演讲的篇幅不能太长。长篇累牍而又讲不到重点的演讲，很难引起听众的兴趣。"

写作技巧

就职演讲属于广义演讲的范畴，但其背景、性质、对象和范围不同于一般演讲，写作者想要写出一篇优秀的就职演讲稿，必须在语言表达上突出"就职"的特点。

1. 真切、朴实

就职者履职新的岗位，此时就应当用真挚的情感来准备演讲内容，使听众能够切实感受到演讲者的真实心境，切不可卖弄文采，用华丽的辞藻进行堆砌，矫揉造作的文风只会产生相反的作用，拉远了演讲者与听众的距离。

2. 简练、简洁

就职演讲的本质是履职者在特定的环境中对听众的一次正式亮相和表态，听众想要通过就职演讲了解履职者对责任的担当、对未来的规划，同时限于客观条件，也不可能事无巨细地体现。因此，就职演讲的篇幅不宜过长，语言表达必须精练，切忌夸夸而谈。

演讲是面对听众进行的实践性活动，演讲稿写得好，也需要演讲者现场表达的配合。如果只是照本宣科读稿，再好的演讲稿也不会勾起听众的兴趣，自然也就无法赢得认可。写作者在撰写演讲稿的时候，必须集中表达自己的真实情感，在演讲时才能打动人心。

第三节　述职报告

述职报告在职场中较为常见，其功能在于"述"职，即任职者向上级主管部门或者群众陈述其任职情况，以具体评议个人任职能力，并接受上级和群众的监督。

应用场景

临近年底，小吴和小周的办公室中仍是一派热闹忙碌的景象。这几天，他们的精力开始转向写个人述职报告了。

看着单位要求限期提交述职报告的通知，小周直发愁，禁不住向小吴"求救"："吴哥，你比我来得早，述职报告都交过好几次了，这个述职报告究竟要写哪些内容呀？"

小吴闻言，不禁莞尔说道："小周你不要着急，述职报告没有你想象得那么复杂。述职报告就是单位和领导想知道你在岗位上是如何履职的比如，做了哪些事、发现了哪些问题、有什么不足、未来打算怎么做等。所以，你就实事求是地总结一下今年你的工作成绩和感悟，如实地向单位汇报就可以了。"

小周接着问道："那不就是工作总结吗？"

小吴摇摇头，耐心地说道："这两个区别还是很大的，简而言之，工作总结更像是汇总和展示工作成果，而述职报告更侧重的是展现思考的过程和能力，要让领导看到你在工作中的主动作为。"

小周若有所思地点点头："前段时间我参与了单位开展的一项重大活动，我觉得这项工作非常重要，可以在述职报告中重点讲一讲吗？"

小吴解释道："这就涉及述职报告的分类了，从内容上看，述职报告可以简单分为综合性述职报告、专题性述职报告和单项工作述职报告，从字面上就可以看出来上述三种不同类型述职报告的具体内容差异了。"

他顿了顿又说："另外，从时间上也可以将述职报告分为任期述职报告、年度述职报告和临时述职报告。形式上，还有口头和书面形式的区别。这次我们单位要求提交的是年度述职报告，就是任期一个年度内所做的综合工作。你刚才说的重点工作，当然可以在述职报告中体现，但也要体现其他工作的开展情况，因为你一年中不可能只做了这么一项工作吧？"

小周听完小吴的解释后，如释重负，立马着手开始述职报告的写作。

写作范例

关于周××的个人述职报告

各位领导、各位同事：

首先感谢大家对我工作的帮助与支持！在过去一年的时间里，我尽职尽责地完成了本职工作，并从工作中受益颇多，下面我将从四个方面具体阐述，请大家评议。

一、履职尽责情况

根据工作安排，我具体负责单位××工作。在工作中，我能够做到认真履行岗位职责要求，扎实抓好各项工作的落实，很好地完成领导交付的各项任务。

（一）牢记"天道酬勤功夫无私"，努力学习、集聚底气……

（二）牢记"身居其位责有攸归"，敢于担当、知难而进……

（三）牢记"没有规矩不成方圆"，廉洁自律、严于律己……

二、工作心得体会

回顾一年以来工作的方方面面，我有以下几点深刻体会：

一是为人上要老实本分，不能有得过且过的思想……

二是工作上要敢打敢闯，不能有畏葸不前的顾虑……

三是精神上要昂扬向上，不能有萎靡不振的负担……

三、存在的主要问题

…………

四、今后努力方向

…………

一年以来，在各位领导和同事的关怀与帮助下，我顺利地完成了各项工作职责，取得了一定的成效，但也存在着一些缺点和不足亟待改进。我诚心希望各位领导和同事能多给我批评指导，并在工作上一如既往地关心支持，促使我把工作做好做实。

以上是我的述职报告，谢谢大家！

范例解读

小周在完成了自己的述职报告后，邀请小吴对自己的述职报告进行点评。

小吴看完后，对小周说道："我仔细看了你的述职报告，从结构上来看，基本包含了述职报告应有的几个要素，包括标题、称谓、正文、结尾等，当然，落款也可以署名和标明日期。述职报告成功与否，主要还是看正文。从你的这个述职报告来看，既概括了自己的工作情况，也说明了工作的心得体会，还指出了工作中的不足和今后改进的规划，基本上涵盖了述职报告所要表达的内容。从行文风格上来看，总结得也比较精练，这篇述职报告可以过关了。"

"吴哥，你别光说优点呀，也给我提提意见。"小周恳切地说道。

"要说意见，我认为述职报告的表现形式也很重要。"小吴说道，"比如，在有条件的情况下，你可以把你的述职报告用 PPT 的形式来展现，再填充一些工作的实际数据，这样更能突出重点，也能更好地展现你的工作情况。"

写作技巧

述职报告是每一位任职者对自身工作表现的综合性汇报，因为任职者在岗位职责、工作内容、取得成效上各不相同，所以述职报告也要根据任职者的实际情况撰写。

在撰写述职报告时，要把握以下原则：

第一，个性鲜明。任何文章都有自己的特点，述职报告对于个性的要求尤为突出，每篇述职报告都是特定的述职者所写，不可能存在两个任职者的工作内容完全一样的情况。因此，述职报告绝不可千篇一律。述职者要结合自己的工作特点，突出个性，才能表明这个述职报告就是"我"的。

第二，客观真实。利用述职报告展现工作成绩是必要的，但只要是人、只要是工作，就不可能没有缺点和问题。所以，述职报告要坚持实事求是的原则。写作者应辩证地看待问题，既要讲成绩，又要讲缺点。

第三，点面结合。述职报告中，经常存在两个常见的误区：一是过于突出个别工作成绩，不能全面反映工作的全貌；二是过于追求全面，恨不得将自己的工作成绩列成清单，反而不能显现自己的特点。

事实上，述职报告的目的不在于评功摆好，而是为了说明自己是否称职，所以在说明履职情况时，既要全面又要突出重点。"点"是重点的有代表性的工作业绩，"面"是概括的阐明工作成效与缺点。"面"是反映工作的质和量，"点"是展示工作的方法和能力。

第四节　考察报告

考察报告，是机关或者企事业单位对某项事务或者人员进行考察之后得出的书面报告。对人的考察报告又称干部考察材料，一般是在人员任用、转正或者拟被提拔的时候所出具。下文以干部考察报告为例，阐述考察报告的写作方法。

应用场景

小吴被组织部门抽调去挂职锻炼一段时间，其间参与了对拟提拔同志的考察工作。按要求，他负责起草考察报告。

在办公室中，小吴就向老钱进行请教。

老钱说："在机关中，常见的考察报告有两种，一种是单位、个人去考察其他地区的先进做法、经验，或者就某项专门事项进行考察而形成的报告。"

"比如，改革开放之初，我们就派出专门人才赴国外进行考察，这些人考察完毕之后，作了专门汇报。"老钱接着说，"另一种考察是对人的考察，这在组织人事中是非常常见的，在拟任用某名干部时，按照组织程序考察干部的德、能、勤、绩、廉各方面是否符合任用条件。"

小吴又接着问道："考察报告在形式和内容上有什么要求呢？"

老钱说道："形式上没有什么特别要求，有标题、正文、落款三个基本要素即可。从内容上来看，考察报告既不属于记叙文，也不属于论述文，而更像是一种独立的应用文体。它有三个特点。

一是记叙和论述兼而有之，在客观事实的基础上发表评价性的意见。

二是观点支配着材料，考察的目的就是为了得出结论，所以具有议论成分的观点是材料的核心。

三是材料和评价都要客观准确，就拿干部考察材料来说，其属于任用干部的重要依据，保证客观准确，既是对干部负责也是对组织负责。"

老钱接着说道："实践出真知。我们再仔细核对一下被考察干部的材料，务必做到万无一失，这可是别人的大事呀！"

写作范例

关于××同志的考察报告

××，男，汉族，出生于××××年××月，安徽××市人，××××毕业于××大学，××××年××月加入中国共产党，

××××年××月参加工作，现任××职务。

一、个人主要学习和工作简历

××××年××月—××××年××月，于安徽省××市××高中就读

…………

二、德才等工作表现情况

（一）政治立场坚定，政治素养过硬……

（二）学习主动积极，业务能力过关……

（三）工作勤奋刻苦，工作成绩突出……

（四）作风严谨自律，思想防线牢固……

三、存在的不足

该同志在经验上有所欠缺，仍需加强实践锻炼；工作上创新能力不足，需要提高创新意识……

四、民主测评情况

…………

五、考察组意见

该同志各项条件符合任用标准，未发现其有违法违纪或者其他不良记录，建议任用为××职务。

考察人：××

××××年××月××日

范例解读

办公室中，老钱和小吴对考察报告进行最后的核对。

"小吴，在核对中，一是不能出现笔误等低级错误，二是个人工作经历这块不能出现时间上的'断档'。另外，在个人工作表现这块，我们还需把他做的几项重点工作，尤其是曾经受过表彰的工作加上去，这

样才能体现出该名同志工作的全方面情况。"

"你指出的这几点确实很有意义。另外，我感觉对这名同志的工作不足写得有点空泛，还应该再具体一点，当然，瑕不掩瑜，工作上的缺点不能否定他的工作成绩。"

"好的，那我们就抓紧办吧，写完之后还要给领导审阅。"

写作技巧

1. 掌握资料

考察报告是以事实为基础，综合分析后得出中肯的结论，所以掌握丰富的第一手资料显得尤为重要。无论是对人的考察还是对事的考察，考察报告的撰写人（考察人）都要亲历一线，寻找最直接的材料。

2. 明确目标

为更好地达到考察的目的，在考察前（或在撰写考察报告之前），考察人（同时也是撰写人）要明确考察目标，列出需考察事项的清单和提纲。

3. 客观中肯

考察报告不同于以说明为主的解说词、简介材料，也不同于情感表达较突出的通讯等文种。考察报告讲求客观、真实、准确，不能带有个人感情色彩，其用语风格必须质朴自然，选词平实准确，基调庄重严肃，措辞讲究分寸。

第五节　证　明　信

证明信，即日常生活中常说的证明，是行政机关、企事业单位、人民团体或个人用以证明某个人的身份、某件事的真实情况等所出具的专门书信。

应用场景

小王被遴选到上级机关工作，大家纷纷来向小王表示祝贺。

老钱首先开口："小王，祝贺你，虽然很舍不得你这位优秀人才，但是你有更好的平台，我们祝愿你有更好的发展，到了新单位之后可别忘了老同事呀。"

小王腼腆地说："谢谢大家，正是因为大家的关怀和帮助，我才能有今天的机会。对了，还有个事情需要麻烦你，按照组织程序，我们单位需要出具一个我平时工作表现的证明给新单位。"

老钱："这是我们应该做的，再说小王你在我们单位表现一直都很好，工作勤勤恳恳，团结同事，从没有过违法违纪行为。这个证明信就交给小吴去办了，正好也让他锻炼锻炼。"

小吴接着说道："放心，这个任务交给我吧。说实话，以前见过别的单位为我出具的证明，但还真没帮别人出过证明。"

老钱自信地说道："这个简单，其实就是一个书信体，写书信所需要的要素同样适用于证明信。证明信的作用就在于体现事实，所以你要和小王的新单位沟通好需要证明的事项后，实事求是地出具就可以了。放心去写，我给你把关。"

写作范例

证　　明

××单位：

　　兹证明王××同志已经我单位同意报考贵单位。该名同志自2015

年9月到我单位参加工作，先后担任××、××职务。工作期间，该同志认真负责，出色地完成了本职工作，同时能够坚守廉洁自律原则，无任何违法违纪行为。因工作成绩突出，先后在2017年和2019年被评为我单位先进工作者。

特此证明。

××××（单位签章）

20××年××月××日

范例解读

小吴把拟好的证明信拿给老钱看，并请其提意见。

老钱："这封证明信写得很好了。说实话，证明信不是很复杂，实事求是地证明某件事情的经过或者证明某个人表现就行了，不要掺杂任何个人评论。对了，按照出具机关的不同，可以分为组织证明信和个人证明信。我们是以单位名义给小王出具的。我现在去找领导签字盖章，你再确定一下如何把证明信给小王的新单位送过去。"

写作技巧

证明信是对证明的人或事下结论性意见，所以尤为严肃。证明信的语言要准确、精练，不可含糊其词、模棱两可。

证明信的相关事项内容要言之有据，不能通过推测、猜测的方式得出，如果不能证明某项事实，则不能予以出具证明。

第六节　倡 议 书

倡议书是机关单位等团体组织提倡社会成员共同参加某项活动或完成某件事的应用文，是带有号召性、公开性的专用书信。

应用场景

今年夏天，我国南方地区遭遇了罕见的酷暑，持续的高温让用电负荷陡然增加。在全国提倡节约用电、保障民生的大环境下，小周和小吴所在的单位也准备发出号召，引导同志们节约用电。撰写《节约用电倡议书》的工作，交给了小周、小吴所在的科室，大家都在办公室里七嘴八舌地谈论这件事。

小周："节约用电这件事，我是举双手赞成的，我们这么大一个单位，如果每个人都能响应号召的话，不但能节省不少电，而且还能带动其他机关单位效仿。我认为，写好这个倡议书很重要。"

小吴："是的，倡议书可不是简单喊口号，它要能引起大家的共鸣，就拿节约用电的倡议来说，肯定要向大家说明节约用电的紧迫性和必要性，这样才能确保大家感同身受，积极参与到节约用电的行动中来。"

"除此之外，倡议书还要提出切实有效、符合实际的措施，让大家遵照执行，这样才算有的放矢。"小周补充道。

写作范例

关于节约用电迎峰度夏的倡议书

全市各级公共机构及广大党员干部职工：

为充分发挥公共机构在践行绿色低碳生活方式中的示范引领作用，

保障全市电力能源的可靠供应，根据全市优化用电、提升营商环境的工作会议精神，现向全市各级公共机构及广大党员干部职工发出如下倡议：

一、强化节约用电意识……

二、加强节约用电管理。节约照明用电，杜绝白昼灯、长明灯，自然采光条件较好的办公区域，白天要充分利用自然光，不开灯或者少开灯，在保证监控设备正常运转前提下，夜间尽量减少照明灯数量。节约空调用电，严格执行国家有关空调室内温度控制设置标准，夏季不低于26摄氏度，空调运行期间关闭门窗。提倡每天少开一小时空调，办公室无人超过半小时或者下班前半小时关闭空调。节约设备用电……

三、做好节约用电宣传。广大党员干部职工不但要以身作则，还要带动亲朋好友形成良好的节约用电习惯……

节约用电，人人有责！让我们积极行动起来，珍惜每一度电，充分发挥公共机构在全社会节约用电中的表率作用，为建设美好家园做出贡献。

×× 市机关事务局

20×× 年 ×× 月 ×× 日

范例解读

倡议书发出之后，得到了各级公共机构和广大党员干部职工的积极响应，节约用电成为大家的共识。这份倡议书的内容，也收到不少良好评价，让小周和小吴受到了莫大的鼓舞。他们的同事老孙，特意点评了这份倡议书。

老孙："格式上看，有标题、称谓、正文、结尾、落款等五个倡议书的基本要素，符合倡议书的写作要求。但我还想就倡议书本身特点说说。第一，倡议书具有广泛的群众性，它不是针对某一个人或者小部分群体发布的，而是广大群众或者较为广泛的特定人群。比如，这份倡议书的受众是各级公共服务机构的广大党员干部职工，确实非常广泛。"

老孙继续说道："第二，倡议书不具有强制性，被号召的受众可以响应，自然也可能不响应，这要求倡议书的内容必须具有号召力、感染力，让人不由自主想要遵从。此外，倡议书还具有公开性，如果秘而不宣，自然达不到预想的效果，只有通过适当渠道，让倡议的价值获得广泛宣传，受众才可能积极行动起来。"

"另外，倡议书是以机关事务局的名义发出，也是一篇公文，写作的风格和语气就要符合单位的性质和职责，发出的号召要铿锵有力，万不可空喊口号。总之，这篇倡议书写得很好，希望你们继续努力！"老孙对小吴和小周提出了表扬。

写作技巧

倡议书除了应具有语言风格上的感染性外，在内容上应积极体现以下特点：

第一，要写明倡议的背景和目的。倡议书目的是让人们积极响应，只有准确描述开展倡议活动的原因和背景，并积极申明倡议目的，才能使人理解和信服。如果不加以阐明，而是一味地强调应如何执行，自然难以达到预期效果。

第二，倡议内容应具体化。倡议书切忌只顾喊口号，却没有行之有效的建议。包括谁去做、何时去做、如何去做、做哪些事等问题，都应一一在倡议书中列明。写作者也可用分条开列的方式，让人一目了然。

第七节　申　请　书

申请书是个人向组织、单位等机构表达意愿、提出请求所使用的文书，申请的应用范围广泛，比较常见的有入团、入党申请、工作调动申请以及企业单位常用的贷款申请、银行开户申请、购买申请等。

应用场景

欧阳是某企业的财务部负责人，章总是企业总经理。

公司这几年销售业绩蒸蒸日上，生产的产品对内对外都销售地十分火爆，甚至达到了供不应求的地步。为了进一步扩大企业规模，公司股东会决定引进一条国际领先的生产线。但是新建厂房和引进生产线需要投入大量的资金，公司决定利用国家扶持高新技术发展的政策，向银行申请贷款。

这项工作交给了欧阳来负责。

欧阳准备了相关材料之后，敲开了章总办公室的门。

欧阳："章总，你让我准备的贷款资料我准备得差不多了。其中的贷款申请书银行比较重视，而且里面有几项内容我把握不好，请你过目一下。"

章总："我们公司以前也向银行申请过贷款，既然是贷款申请，银行肯定会重点评估企业的经营情况、现金流情况等，说白了就是评估企业是否具有持续的偿贷能力。在这一块你要实事求是地写清楚，不要弄巧成拙。"

说罢，章总将贷款申请书里面不规范的几处指出来，让欧阳回去再完善。

写作范例

贷款申请书

××银行：

　　××有限责任公司因生产经营需要，特向你行申请贷款2 000万元。

一、客户基本情况

1. 公司概况

××有限责任公司设立于 2002 年 3 月 18 日，公司统一社会信用代码为 ××××，税务登记号为 ××××。公司注册资本为 3 000 万元，实收资本 3 000 万元。公司经营范围为 ××××，目前公司拥有厂房 3 处，共计 1 万余平方米，职工 400 余人。

2. 公司经营架构

我公司实行总经理负责制，由总经理 ×× 先生负责全面工作，公司设有办公室、财务室、销售部、生产部、采购部、监察室等多个部门，组织机构运行平稳，经营者素质卓越。公司从经营以来无偷、逃、漏税等不良信用记录。

二、客户经营状况

公司近三年财务报表详见附件。

三、贷款申请用途

公司拟向贵行申请贷款 2 000 万元，其中 1 500 万元用于引进 ×× 公司 ×× 生产线，400 万元用于改扩建生产厂房，100 万元用于相关技术维护费用。

贷款期限：三年。贷款偿还方式：到期一次性付本还息。

申请人　　××

20×× 年 ×× 月 ×× 日

范例解读

贷款申请书草拟好之后，再次拿给章总审核。

章总看完之后，对欧阳说："基本上申请书该有的内容都有了，但还可以更完善，比如多介绍下公司的经营状况，另外还有补充下担保的方式。"

欧阳听后，不好意思地说："章总，这是我第一次从事向银行申请贷款这方面的工作，确实有很多没考虑到的地方，谢谢你的指正。"

章总摆摆手说："这没什么大关系的，你多做几次就会了。另外你还要多跟银行接触下，看他们还需要补充什么内容。"

写作技巧

在撰写申请书时要注意以下几点：

第一，申请要一事一议、一事一申请，申请的事项要清楚、具体。如果有多项请求，要在合适的时机分别提出。如果在一项申请书里提出多项请求，会让领导抓不住重点。

第二，申请的理由要确实充分，不能为了突出自己的优势或者困难而采取杜撰和夸大的方式。

第三，申请的语言要简洁、态度要诚恳，实事求是地表达自己的意愿。

第四章

公务类（集体工作常用）

本章主要介绍机关、企事业单位、社会团体常用于集体工作的公文，如简报、启事等，学好这些公文的写作方法，既能胜任平时的工作所需，也能对单位处理各类公务的要求进行深入了解。

本章的主角是××股份有限公司财务部的小尚和小潘，读者将通过两位同志在公务类文书撰写中发生的情况，了解集体工作常用的公务文书的写作技巧。

第一节　工作总结

工作总结，是对一段时间内的整体工作进行系统性归纳、分析，通过有效总结，明确工作的成绩、不足和经验教训，为后续工作的开展积累经验。

工作总结通常都以时间周期来进行划分，常见的有季度工作总结、半年工作总结、全年工作总结等。在党政机构中，半年和全年工作总结都要公之于众，让群众了解政府部门具体做了哪些工作，以便更好地监督政府工作。企业出于经营管理需要，也会在一定的时间段内开展总结工作，并在一定的范围内进行公开。

应用场景

年底是企业最忙的时候，企业各部门都在开展撰写年度工作总结的工作。财务部的工作总结更是重中之重。

"这两年国际贸易形势不乐观，在这样的国际大环境下，我们公司的经营效益能取得这样的成绩的确不容易呀。"小尚在看完各项数据和指标后，感慨地对小潘说道。

小潘十分赞同小尚的意见："是的，很多外贸型企业都受到了冲击。好在我们企业审时度势，积极转变思路，变危机为转机，业绩反而逆势大涨。这次上报的各项数据，我们要实事求是汇报给总经理，这样管理层才好决定下一步的经营策略，这可都是关系企业集体发展的呀。"

小尚接着分析："你刚才讲的实事求是，这是工作总结必须具备的客观性原则。我们要在事实基础上，科学地做好总结工作，不能掺杂任何水分。如果只是为了政绩'好看'去杜撰、夸大各项数据，那么工作总结也就失去了意义。"

"从工作总结来说，主要是公布上半年做了哪些工作、取得了哪些成就。历次的半年工作总结，都以叙述性介绍工作成绩为主。如果涉及下一步打算，我觉得可以列入工作计划的相关内容。"小潘边翻资料边说，"工作总结还需要概括和提炼。我们企业有好几千员工，是个大企业，工作纷繁复杂，各项数据更是多如牛毛，如果一股脑地将各项数据罗列上去，那就不是总结了。我们必须积极归纳同类项，按照一定的逻辑和规律进行总结，还要突出重点，聚焦重点工作。"

小尚点点头："此外，我们公司还是上市企业，外界关注度高，工作总结还要以适当的方式向外界发布。我发现，对外发布的工作总结都是以第一人称的角度来叙述的，目的就在于告诉别人'我'做了什么。姑且称这个为工作总结的'自我性'特点吧。时间紧、任务重，我们马上开始动笔吧，撰写过程中遇到难题的时候我们再讨论。"

写作范例

××股份有限公司财务部年度工作总结

2022年度，财务部在公司领导层的带领下，围绕着提升公司财务管理的有效性和规范性的主题，为实现年初预定的公司工作目标开展了全面的工作。现将有关情况向各位股东汇报如下：

一、规范和整合内部财务管理运行

1.严格执行公司的财务内控制度……

2.努力提升公司的财务人员素质……

3.继续加强公司的内部成本控制……

二、重大项目财务支持工作情况

2022年度，对于公司重点的科技项目，财务部主动作为，规范项目开支、付款流程和合同管理等基础工作。积极与财税部门联系，为公司申报重大科技项目建设补助资金1 000余万元。

…………

三、其他财务工作情况

…………

四、工作的不足及下一步工作计划

…………

××股份有限公司财务部

20××年××月××日

范例解读

工作总结初步撰写完成之后，小尚和小潘再次坐到一起，仔细地进行查漏补缺。

小潘首先说道："今年财务部的工作总结基本上算是完成了，通过写总结，我体会到一点，那就是总结要善于抓重点，要立足本职工作，重点阐述自己职责范围内的事情。"

"比如说，政府部门的工作总结，那肯定是经济社会发展这类大事，而财政、审计等部门的工作总结，是聚焦在相关的具体业务工作。我们作为公司的财务部门，自然关注的是本公司的财务经营状况。"

小尚："是的，不管是哪个部门的工作总结，所依据的材料必须是客观真实的。打个比方，如果两个部门对同一个数据或者事项的描述不一致，那可就闹笑话了，所以在撰写工作总结的时候，语言风格也要简洁、准确，多用叙述性的表达。"

小潘接着说："还有，工作总结形式上也要有适当的创新，不能千篇一律，更不能因循守旧，拿过去的工作总结改改数据糊弄了事。"

写作技巧

工作总结的撰写，实事求是第一位。

1. 要善于总结

既然是工作总结，那自然要突出工作过程中体现出的特殊规律，如果只是把工作数据和成绩摆出来给人看，就不是总结了。如果文章内容缺乏缜密逻辑，或者缺乏规律叙述，也难以体现总结性。

总结，必须是写作者在大量的资料之中，通过科学的归纳和分析，找出内在的规律。一般情况下，总结的主要内容应分段叙述，将精练的概括性结论放在句首，统领整个段落。

2. 要立足本职

工作总结是对本单位、本部门前一段时间整体运行的系统性回顾，而公众也是要通过总结来了解各职能部门的履职情况。因此，工作总结的撰写要把重点放在本单位的重点和中心工作上。如果写作者总是想要创新表达，或者揣度直接领导的意图写一些次要成绩，反而会"捡了芝麻丢了西瓜"。

3. 结构合理

工作总结的篇幅要适宜，详略要得当，既要突出重点又要把握全面，不能只是对某一项工作长篇大论，对其余工作就一笔带过。

当然，工作总结也可以写经验教训，但要注意控制篇幅。此外，对于下一步的工作安排也可以概括性提及，其具体形式可以用工作方案、计划等加以展现。

第二节　工作计划

计划书，属于集体事务性文书，常被党政机关、企业、事业单位和社会团体用来对今后特定时间段的工作、活动进行安排和谋划，并形成文字记录。工作计划的写作目的是避免工作的盲目性，也便于对上级汇报、对下级指示。

应用场景

上年度的工作总结告一段落了，又要开始撰写本年度的工作计划了。对于工作计划如何撰写，小尚和小潘在办公室里展开了讨论。

小尚指出了计划的预先性功能："制订计划就是为了明确下一步工作，所以，计划肯定是在事先设定好的目标框架内去制订。换而言之，就是为了达成什么样的目标制订什么样的计划。"

小潘不解地问道："中国语言博大精深，规划、方案、设想这些都带有计划的意思，有什么区别呢？为什么我们这次写的是工作计划而不是规划呢？"

小尚解释道："规划一般是比较长远的目标和比较重大的工作。例如，国民经济发展的五年规划，具有战略意义，而计划的实现时间不需太长，其工作过程也比较细致。这次我们只是对下半年的工作作出安排，所有选择用计划的形式来表现。"

小潘又接着问："就拿我们市政府来说吧，政府的工作千头万绪，在写工作计划的时候要注意哪些呢？不可能把所有工作都列明吧？"

小尚："计划，也需要抓重点工作，抓那些对国计民生有重要影响、需要集中主要力量去办的事情。这也是制订计划的目的所在，计划就是用来防止抓不住重点，无头苍蝇似的乱干工作。"

小潘："这点我能理解。我们公司的领导们已经就今年的工作作了安排，涉及财务部的部分需要我们仔细梳理，找出重点。具体到写作方法，有什么注意的呢？"

"我觉得，工作计划还是要具体一点。比如准备与著名的 ×× 新能源汽车企业开展合作，这是公司今年经营发展的一项重大举措，在谈及这一块儿工作计划的时候，就可以具体阐述一下财务部门如何支持这项工作。"小尚说出了自己的看法。

写作范例

××股份有限公司财务部 2023 年工作计划

公司财务部在 2022 年圆满完成各项工作任务，现就 2023 年的工作计划安排向股东会做如下汇报：

一、继续严格执行公司财务核算制度

从财务管理、财务监控、资金管理等方面为公司实施的新能源汽车战略合作项目提供管理决策的参谋作用，同时加强公司内部的财务审核制度。

…………

二、继续打造学习型公司财务人员团队

通过加强内部人员学习、引进外部人才、加强第三方合作等方式，持续提高财务团队的学习动力和激情，提高财务部的整体工作能力与水平。

…………

三、继续加强公司的财务成本核算

…………

四、继续推进公司成本管理系统建设

…………

五、其他工作安排

…………

××股份有限公司财务部

20××年××月××日

范例解读

办公室里，小尚和小潘就工作计划的必要性、重要性以及具体写作内容进行了热火朝天的讨论。

小尚首先打开了话匣子："凡事预则立不预则废，这个'预'我们可以理解成计划，有了工作计划之后，工作就有了明确的目标和具体的实施步骤，能充分调动大家工作的积极性，减少盲目性。同时，从另一个角度讲，工作计划也是对工作考核的重要标准，能起到督促和约束的作用。所以，工作计划一方面具有指导作用，另一方面具有推动作用。"

小潘接着说："工作计划既可以定措施也可以定目标，比如计划在年底达成投资多少、审计多少或者税收多少，等等，不能按期完成时，工作计划可以作为倒查追责的依据之一。当然，这就要求工作计划必须建立在科学制定的基础上。"

小尚："从工作计划所涉及的内容，可以看出其与规划的区别。工作计划的内容比工作规划要深入、具体，所以工作计划有具体的细节，规划多是指出大方向。"

小潘："就拿我们财务部所拟的本年工作计划来说，并不是本年只完成这几项工作，而是重点完成这几项工作，这就对下半年的工作做了统筹安排，并把任务分解下去，这样大家也就能做到有的放矢、各司其职，为下一步制定具体工作方案提供了依据。"

写作技巧

按照计划适用对象的分类，可将工作计划分为个人工作计划和集体工作计划，个人工作计划是对个人今后一段时间的工作作出安排，其制订者也是个人。而对于集体工作所用的工作计划，一般公务人员很少接触到，通常是单位领导集体研究决定之后，将相关工作计划的撰写任务交给特定的人员完成。

在撰写工作计划的内容时（集体工作用），首先要弄清楚组织和单位的具体工作目标，不能片面依靠既往工作的经验杜撰工作计划，这样就会破坏工作计划的严肃性。如果到期不能完成既定计划目标，甚至可能引发追责的后果。

工作计划的撰写要条理清晰、措施具体。工作计划可用列举的方式，对需要完成的工作任务进行列明，便于任务的具体承办者能快速地理解和受领任务。

在阐明具体措施时，语言的表达要精准。可以采用"3W1H 法则"进行描述，即一是做什么（WHAT），二是什么时候做完（WHEN），三是谁来做（WHO），四是怎么做（HOW）。

第三节　工作方案

工作方案，常被用于对某项重大、复杂的工作进行指导性的粗线条式筹划，属于广义上的"计划"范畴。

应用场景

公司打算与新能源汽车产业的龙头企业合作，这将为公司转型带来巨大的战略机遇，公司管理层对此事极为重视，要求办公室会同财务部立即制订出相关合作工作计划。

小尚和小潘经过数周的科学调研，仔细阅读了拟合作企业的各项财务数据报表，又进行了大量的实地考察，终于对如何开展合作有了初步的思路。

因为工作计划要得急，小尚和小潘急得直上火，小潘焦急地对小尚说："这次的工作可是个大工程呀，这个工作计划从哪里着手写呢？"

小尚纠正了小潘的错误认知："这次的任务用工作计划的方式不太妥当，应该用方案来表现比较合适。你看，这次的合作，是一个具体的工作，但它又十分复杂，涉及很多具体的职能部门。如果用工作方案的话，我们可以就这一项工作进行详细的任务分解。"

小潘："你这么说我就明白了，方案也有计划的意味，但方案是计划中比较复杂的种类。当某项具体工作比较复杂，如果不作系统全面的部署，就不足以解决问题，此时，相应的公文内容就要复杂一些，所以需要制定专门的方案。"

"是这个意思，方案是上级对下级行文，所以一般不用落款，有标题、成文时间、正文三个要素就行了。我看此次的标题就用'××股份有限公司新能源汽车合作事宜工作方案'就可以了，简洁明了、开门见山。"小尚建议说。

写作范例

××股份有限公司新能源汽车合作事宜工作方案

为贯彻落实公司新能源汽车转型的重大发展战略，扎实推进公司与新能源汽车产业龙头公司的深入合作，制定本工作方案。

一、总体目标

到 2023 年 6 月底，正式与 ×× 新能源汽车有限责任公司签订战略合作协议框架，到 9 月底正式缔结合作合同。

到 2024 年 6 月底，正式实现双方投资投产的新能源汽车上市售卖，当年底实现销售产值 5 000 万元……

二、基本原则

坚持合作双赢……

坚持统筹兼顾……

坚持技术创新……

三、任务分解

（一）法务部

1. 合同合规。由法务部牵头组织专门小组，负责合作事宜全程的法律风险、合规性把控……

2. 风险提示

…………

（二）技术部

1. 技术攻关。对于我公司现已掌握的相关技术进行全面梳理，牵头组织相关部门进行技术专利申报……

2. ……

（三）财务部

…………

四、组织保障

由总经理××负总责，各部门负责人要亲自部署，狠抓落实，并明确一位负责同志具体分管，协调督促，常抓不懈……

由×××负责统筹协调工作……

××股份有限公司

20××年××月××日

📚 **范例解读**

看着拟好的工作方案，小尚和小潘松了一口气，这几天加班的辛苦总算没有白费，但此时依然马虎不得，两人又将方案仔细看了几遍。

小尚建议："你看，正文里的引言部分我们是不是再完善一下？引言主要功能就是简明扼要的交代方案制定的目的、意义和依据，一般是用'为了……根据……制定本方案'的常用方式来概括总结，引出下文。我感觉我们撰写的这个引言有点单薄，还应该再充实下。"

小潘："我赞成这个修改意见。另外，在基本原则、任务分解这几块，写得比较翔实，要素也比较齐全，尤其是任务分解，列举了几十条工作任务并注明了详细的责任单位，这样不容易产生权责不明、相互推诿的后果。"

小尚肯定道："是的！这样安排体现了工作方案的具体性，把工作内容、目标要求等都明确进行了告知和分工，相关部门就要按照方案认真组织实施，从侧面体现了方案的强制性。"

"那既然没有大的问题，我们就再把方案修改一下，交领导审阅，按程序讨论通过后尽快下发吧。"

写作技巧

工作方案亦是工作计划的一种，但工作方案更加微观、具体，在构思工作方案时，要围绕工作目标、实现路径、保障措施等几个方面来展开。工作目标包括要达到的目的、取得的效果等；实现路径包括时间表、路线图、责任人等。

组织素材时，要尽可能准确、全面，素材内容要与写作方向和思路保持一致，人员、时间、地点、工作标准、资源保障、实施路径、工作方式等关键素材齐全有效。

撰写和修改时，可以先搭好框架，明确思路，再进行具体细化，做到既有战略性、预见性，又有明确具体的实现路径和工作措施。

如果工作方案的内容过于复杂，占用的篇幅过长，可以单独在文后列附件。

第四节 启 事

启事，是个人或者机关单位、社会组织等有重大事情需要向公众说明或者请求公众予以协助时，对外发布公文的适用文体。"启"就是告诉的意思，"事"就是具体事项，连起来就是告知某项事情。常见的启事有招聘启事、征集启事等。

应用场景

小尚和小潘对于身边发生的新鲜事都很关注。

二人所在城市的市文明办发出关于征集公益广告的一项启事引起了二人的兴趣，两人准备投稿，又忍不住用写作者的眼光对这篇启事进行"解读"。

小潘问小尚："你看完这篇启事之后有什么感想？"

小尚回答："我觉得这篇启事写得很成功，我看完这篇启事之后就明白了它要表达什么内容，对于参加的人应该具备什么样的资格、怎样去做都写得十分清楚。启事、启事，就是详细、全面地介绍某项事情嘛。"

小潘笑着说道："我倒是从另外的方面有发现，我发现启事的语言风格比较随意一点，不像公告那样的严肃。也说明了启事就是要用大家看得懂的语言将事情表达清楚。"

小尚打趣道："启事的应用也很广泛，人才市场上到处都是'招聘启事'，小潘你的个人问题还没解决，你也可以发个'征婚启事'嘛。"

一句话说得小潘十分不好意思，慌忙岔开了话题："在现实应用中我还发现了启事应用的误区，很多人把启事与启示弄混了，启示里面的启是启发、开导的意识，示是展示的意思，所以启示是启发思考使人领悟，与启事的含意截然不同，不能混为一谈。"

小尚最后总结："实际上，启事的写法还是比较简单的，篇幅可长可短，语言可诙谐可庄重。总之，一句话来概括就是把事情说清楚就行。"

写作范例

B市面向社会公开征集公益广告的启事

为充分弘扬公益广告弘扬社会主义核心价值观的作用，扩大公益广告的覆盖面和影响面，B市文明办现面向社会广泛征集不同类型的公益广告。

一、作品内容

本次公益广告的主题为"喜迎党的二十大"，通过讲好身边好人好事来展现B市文明实践和文明创建的成效。

1. 反映党的十八大以来B市取得的巨大成绩。

2. 弘扬以爱国主义为核心的民族精神和以改革创新为核心的时代精神等。

3. 反映B市在文明城市建设中的经验做法和实际成效。

二、作品类别

1. 平面类。包括海报、漫画、摄影作品等，作品可以是单幅或多幅（不超过5幅），大小不超过10MB，分辨率不低于……

2. 视频类……

3. 新媒体类……

三、作品评选

…………

四、征集时间

…………

五、参与方式

…………

六、注意事项

…………

B 市文明办

20×× 年 ×× 月 ×× 日

范例解读

小潘按启事要求投稿了作品之后，又和小尚讨论起了启事的写作方法，这次他们的焦点集中在启事的特点上。

小潘首先说道："我们来总结一下启事的特点吧，我觉得启事一个很大的特点是它的公开性，启事为了扩大自己的覆盖面，都会通过各种渠道向社会广泛发布，所以启事没什么秘密可言。"

小尚接着补充："我感觉启事的另一个特点是简洁性，无须长篇大论，篇幅以简短为宜，直截了当把事情说清楚即可。单一性也是启事的重要特点，我总结启事必须做到一事一文。"

"那我再补充一个，启事还具有随意性，它的目的是告知读者某件事或者寻求支持和帮助，所以它不具备强制功能，无法强力约束读者去做某事。从这点看来，启事的'官方感'比其他公文都要弱。"

写作技巧

1. 启事要突出中心，凸显重点

启事以告知性作为主要功能的公文文体，其主要目的就是向公众宣布某项事情，如果逻辑混乱、词不达意，就无法让受众人群明白启事到底要说明什么事情。

2. 启事要简洁扼要，通俗易懂

想让更多文化层次的受众人群读懂启事，让更多人能口耳相传，写作者就没必要将启事写得冗长复杂。

3.启事要语义明确，客观中立

启事表达的内容要客观公正、实事求是，不能使用易产生歧义的词句，让人无所适从。

另外，启事还有请求别人给予支持和帮助的意味，所以在行文上要注意礼貌，语言风格要谦逊有礼。

第五节　公　　示

公示，是党政机关、企事业单位等团体组织预先向公众对某项事项进行周知，并用以征求反馈意见、改善工作的应用文。常见的有政策法规颁布前的公示、干部的任前公示等。

应用场景

小尚的爱人在政府机关工作，因为工作成绩突出，这次被任命为单位的办公室主任，相关的任命情况已由市委组织部在网站上进行了公示。

小潘看到后，立马向小尚道喜。

"先恭喜了，任前公示已经公布了，看来你爱人这个提名主任的事情是板上钉钉了。"小潘向小尚说道。

小尚闻言，正色道："可不能这么说！按照组织程序，任前公示不代表正式任命，你看，公示上也是明确写着在公示期内，群众发现问题，可以行使举报监督的权利。"

小潘："你爱人的为人做事我还是相信的！不过话说回来，公示和公告有什么区别？为什么此时用公示这种文体？我还要向你请教请教。"

小尚在他爱人的帮助下，对公文写作的要求了解的也比较多，所以小尚向小潘耐心解释说道："公告与公示的确都有向社会公众进行周知的功能和目的。很多场合下，这两种文体有混用的可能。但如果从写作者角度，需要进行严格区分。要知道，公告是《党政机关公文处理工作条例》中明确规定的 15 种文体之一，是法定的公文文体，其适用范围和格式有严格的规定。公告具有权威性，适用的机关层级一般较高，公布的事情也是比较重大的，而且具备某种意义上的强制性。而公示属于公开宣示，周知性的意味较为浓厚。"

小潘接着又问道："但我觉得，现在很多场合都用公告，比如，前段时间，我市某高中举办建校 100 周年庆典也用了公告。"

小尚笑着说道："你观察得很仔细，公告的确在近些年来有'蜕变'的趋势，其适用场合和范围也越来越泛化，民间语境里面说的'公告'，和政府机关在公文写作意义层面的'公告'，还是有很大的区别。我们应该理性地看待这个问题。"

写作范例

B 市第三批干部任前公示

为正确践行党的干部选拔任用原则，进一步扩大民主，广泛听取群众意见，根据《党政领导干部选拔任用工作条例》规定，现对以下拟任人选进行公示：

王××，男，汉族，大学本科，中共党员，现为××，拟提名为××候选人；

陈××，男，汉族，省委党校研究生，中共党员，现为××，拟提名为××候选人；

江××，女，汉族，省委党校研究生，中共党员，现为××，拟提名为××候选人；

汪××，男，回族，省委党校研究生，中共党员，现为××，拟提名为××候选人；

尚××，男，汉族，大学本科，中共党员，现为××，拟提名为××候选人；

翁××，男，汉族，大学本科，中共党员，现为××，拟提名为××候选人；

…………

有需要反映的情况，请于20××年××月××日至20××年××月××日向市委组织部干部监督科（举报中心）口头、书面或通过举报网站反映。

反映方式如下：

电话：×××××××

短信举报号码：×××××××××××

举报网站网址：www.××××.gov.cn

意见箱设在市委组织部门口。

中共 B 市委组织部
20××年××月××日

范例解读

"小潘，我看你把这个公示看了好几遍了，看出什么心得了吗？"小尚看小潘在仔细研究这个公示，笑着问。

小潘说道："我在研究公示的文体。"

小尚："那么说说看，你对公示这种应用文写作的看法。"

小潘："鉴于公告和公示之间的区别，我又翻阅了一些资料，查看了不同单位发布的公示内容，我总结公示有以下几个特点：

一是公开性，公示是要向公众展示的，这是毋庸置疑的；

二是合理性，公示的程序、时间都要合理，应是事前的公示而不是事后的公示；

三是民主性，其他文体并非直接具备这一特点。比如，通知这种文体，通常就不会接受普通群众的质疑。但公示目的正在于接受群众的监督，所以要提供多样的、方便的群众反映渠道，甚至可以质疑公示里的内容。"

小尚闻言，夸赞道："小潘你真的有钻研精神，那我再考考你，公示的写作格式上有什么要求？"

小潘："这不难，公示与一般的公文一样，有标题、正文和落款三大部分组成。为了行文方便，公示还可以有附录、附表和附图等。"

写作技巧

公示的写作相对较为简单，把握好"五明确原则"就能写好公示。

项　　目	内　　容
公示内容明确	向社会公示的事项必须明确精准
公示范围明确	向全社会公示还是在特定范围公示
公示方式明确	可以通过报纸、广播、新媒体方式公示，也可以在单位、系统内容张贴公示、开会宣布等方式公示
公示时间明确	根据相关规定，确定公示的时间
反馈渠道明确	通过多种方式便于群众反馈

公示的撰写，还需注意用语的简练，言简意赅地交代清楚公示的各要素和"五明确"即可。对于重大事项进行公示，公示可能篇幅较长，需要做到在把握准确性的前提下尽量要言不烦。

此外，公示还要讲求原则性、政策性，不能涉及公示以外的其他事项，并避免常识性的低级错误。

第六节　简　　报

简报，是机关单位就某方面信息在内部进行传递的一种文体形式。简报一般较简短、灵活，传递方式便捷但范围有限，起到汇报、交流的作用。

应用场景

党的十九届六中全会召开后，全市各系统都掀起了学习十九届六中全会重要精神的热潮。

××股份有限公司作为一家大型上市公司，党组织健全，党建工作一直是公司的重点工作。公司党委对学习贯彻党的十九届六中全会精神进行了专题研讨，交流了学习情况和成果，会后，有关负责人要求小尚和小潘将此次会议制作成一期简报。

小尚和小潘立即就如何制作该期简报进行了交流。

小尚："简报在不同的范围内都会用到，我认为，简报的格式比较重要。简报字样是用套红印刷的大号字体，而且需要注明具体期数，因为简报是供内部交流使用，有的还有密级规定。另外，编印单位、印发日期都要写明。这些还只是报头的内容。报头与报核之间还要用一道横杠隔开。"

小尚继续说道："报核可以看成是简报的正文部分，由标题、导语、内容等组成。报尾在简报的最后一页，用一横线与报核隔开，写明发送范围、印刷份数等。"

小潘接着说："格式固然重要，内容也不能疏忽呀。简报不同于公报，简报是内部交流使用，因此其专业性也就更受重视。也正因此，简报不需要更多地作背景介绍等铺垫，篇幅比较短。"

小尚表示赞同："按照简报来分的话，简报可分为业务简报、专题简报、会议简报、动态简报等，我们今天要写的就是会议简报。别多说了，我们开始动笔吧。"

写作范例

×× 股份有限公司党委会专题学习十九届六中全会重要精神

×× 日下午，×× 股份有限公司党委全体成员召开专题研讨会议，集中学习党的十九届六中全会重要精神并作交流发言。公司党委书记 ×× 同志主持本次会议。

×× 同志首先作了报告，×× 指出党的十九届六中全会是在党的二十大即将召开之前的关键时刻举行的一次非常重要的会议……

公司党委委员、总经理 ×× 同志指出……

会议强调……

会议号召……

报：××　××

抄：×× 部门

送：各党总支 ×× × ×

（共印 × 份）

范例解读

简报拟好迅速报主要领导审核之后，立即按照程序进行印发。

"简报之所以这么快就印发、抄送出去，是因为简报具有时效特性，就拿这次的会议简报来说，必须迅速传达会议相关情况，推动基层形成对会议精神的学习氛围。"

"另外，有些简报的目的是给领导决策提供参考依据，这也要求简报的编写者必须思维敏锐、动作快捷，对材料分析快、写作构思快、动笔成稿快，所以，编写简报是很锻炼我们写作能力的。"小尚毫无保留地对小潘说出了自己的见解。

对于简报的编写，小潘也说出了自己的想法："简报与新闻报道、文学写作有很大区别。文学创作，要靠创造某种形象来表达作者的思想，评论文章要靠理论论证来阐述作者观点。简报则与新闻报道的写作风格相似，讲求客观性，注重用事实说话。特别是会议简报，对领导发言要深刻领会还要准确记录表达。"

"看来我们还有很多要学习的地方。"这是小潘和小尚共同的心里话。

写作技巧

简报要突出一个"简"字，用词要尽量简短，用最精练的词句表达出全部意思。

1. 主题集中

一般情况下，一文一事，一篇简报只用来说明一件事情。只有主题集中才能将问题说明白，篇幅上也才能精练。如果简报涉及的内容较多的话，一定要进行提炼和归纳，将能够反映事情重要性和本质的东西拿出来编写。如果反映的是多个问题，可以分成多期来写，切不可混淆在一起。

2. 精选材料

撰写简报之前，要对材料进行精准的分析，将最能反映问题本质的材料选列出来。如果是会议简报，对主要领导的讲话内容要有所取舍，选取材料的重点。通过前期筛选，确保简报能突出主题、缩短篇幅，使主要精神得以充分而明确地表达。

3.既"简"又"全"

简报讲求简洁，但不代表要牺牲其全面客观的叙述功能。简，要在"全"的前提下精简，而确保"全"的同时，又要注重文字精练。两者并不是对立的关系，要注意将相关特点辩证结合加以体现。

第七节　公　开　信

公开信，顾名思义是将内容向公众公开的信件。常被用来向公众宣布一些重大事件，希望更多人能广泛了解并给予支持。公开信具有普遍的知会作用、教育作用和宣传作用。

应用场景

××股份有限公司与新能源汽车产业龙头企业的合作协议达成后，双方的合作渐入正轨。在今年新春伊始，公司突然接到一笔海外大订单，是否能够顺利按时完成这个订单，关系到公司的信誉，也关系到双方合作能否进一步深入。为此，公司极为重视，迅即成立了专门的工作指挥部，要求全公司上下集中力量、攻坚克难，务必按期完成订单任务。

小尚和小潘均被临时抽调加入工作指挥部，根据指挥部的安排，以适当的形式向大家说明此事的重要性，争取职工的理解和配合。

"要不我们发个通告吧？告诉职工可能需要加班才能完成订单。"小潘向小尚建议道。

小尚摇摇头："通告的形式固然是可以的，但我觉得通告太严肃、太生硬了，此次的订单肯定需要加班加点，需要员工牺牲休息时间来加班，虽然有加班费，但并不是所有员工都能理解，此时更应争取员工发自内心的大力支持，以一种温情的方式向职工说明反而能够取得更好的效果，你看，用一封公开信的形式是不是更好一点?"

"公开信?"小潘思考了一下，恍然大悟："我看可以，公开信的格式简单，内容上可发挥的空间较大。通过公开信真诚而热烈的表达，我们可以唤起职工共同拼搏的决心。"

"现在就是在跟时间赛跑，每一分每一秒都很重要，我们赶紧构思、撰写，尽快把这份公开信呈现给全体员工吧。"小尚一边说着一边不停地敲击着键盘。

写作范例

致 ×× 股份有限公司全体员工的一封公开信

×× 股份有限公司全体员工:

大家好!

在过去的几年内，公司克服了国内外市场变化的种种不利因素，公司在全体员工的共同努力下，取得了骄人的成绩，大家的福利待遇也随之增长。公司秉承着"造福员工、服务社会"的理念，努力为大家创造更好的工作环境、提高收入水平，相信每一个公司员工都对此感同身受。

今年新春伊始，公司接到了合作单位的一笔大订单，这笔订单能使公司的业绩再上一层楼。但基于该笔订单任务量大，时间紧迫，公司决定成立专门指挥部，号召所有管理层和一线员工参与到订单的完成工作中来……

在这个对公司和所有员工而言特殊而又关键的时刻，我们向全体员工写这一封信，主要想向大家表达三个期望:

一、此刻的公司，更需要您的主动作为、用心呵护……

二、此刻的公司，更需要您的支持理解、用力保护……

三、此刻的公司，更需要您的守望相助，用情保护……

亲爱的员工朋友们，××股份有限公司是一个团结的集体……我们坚信，在全体员工的共同努力下，一定能将公司发展得更好！

××股份有限公司工作指挥部

20××年××月××日

范例解读

公开信公布之后，引起了全体员工的关注，也给全体员工带来了巨大的鼓舞，稳定了军心，最终订单得以顺利完成。公司领导对公开信的编写者提出了表扬，小尚和小潘深受鼓舞，在办公室里对公开信的写作要点进行了总结。

小尚首先开口："此次公开信达到了令人满意的效果，我想这与公开信的内容坦诚、感情真挚有很大的关系。公开信中没有隐瞒，直言不讳地指出了此次订单的急迫性，让广大员工感同身受。另外，公开信的语言风格充满了温情，让员工明白了公司的发展关系大家的福祉，彼此命运相关联的道理。"

小潘也感慨地说道："是呀。读完这篇公开信，可以感受到发文者的真诚，读文者自然也会受到情绪的感染。所以，我们不能小看了公开信的魅力，一封好的公开信能是把发文者放在与读文者相平等的位置，用'我中有你、你中有我，我是你、你也是我'的态度与读者沟通。这种方式，有的时候比强硬的命令更能引起读者的好感，自然也能得到尊重。"

写作技巧

公开信的受众范围广，一旦公开即被广泛周知，所以在撰写公开信时，无论是内容的选择还是口吻的设定都应慎重。

1. 要考虑公开信是否具有发表的必要

一是要考虑公开信是否能收到预期效果，因为公开信不具有强制效力，在重大紧急的情况下，如不采取断然的强制措施可能会造成重大损失。类似情况下，公开信就无法承担相关重任。

二是要考虑公开信的内容是否具有确定性。公开信的受众广，其内容也是被暴露在聚光灯下进行审视的，如果内容不确定，很容易造成负面影响。

2. 公开信的内容要客观，语言要准确

公开信可以调动受众群体一定的积极情绪，但并非可以放弃用语的准确性。相反，由于其公开的内容重大、受众广泛，反而更应追求用语的科学规范。写作者赋予公开信语言充分的感染力，并不意味着要以夸大其词方式来表达。

3. 运用公开信这种文体，还应讲求时效性

公开信应在适当的机会发布，从而达到事半功倍的效果。尤其对于突发事件情境下需要果断发布的，一定要及时写作、修改并走完流程，确保准时发布。

第五章

规范类（工作规范常用）

规范类公文，是指在一定范围内以强制效力用以约束、指导特定身份人员的公文种类。该公文通常用于国家机关、下属单位的组织运行和事务管理，是重要的管理工具。

读者将在本章中参与到不同政府部门的工作中，了解和熟悉各类规范类公文的特点、写作结构和写作方法。

第一节 制　　度

制度，是政府部门、机关团体、企业、事业单位等制定的要求所属人员遵守的准则。

应用场景

××街道办公室的小何刚上班不久，就接到一个颇为棘手的任务：起草街道机关值班制度。

小何自己也只参加过几次值班，只知道签到、接电话、收发文件、交接班等事项。起草制度，又该如何做起呢？

无奈下，小何拨通了学姐的电话。学姐是邻市某区的政府办公室职员，肯定清楚方法。

她简单明了地说："小何，你先把值班的用意写成开头，考核奖惩放在结尾。"小何忙着在本子上记录，连连点头。

"中间的部分，你要按普通情况和特殊情况来拟定人员的来源、岗位责任、事情的流程。说白了，就是值班时谁来做、做什么、怎么做。这是普通制度的大框架，记住了吗？写好了可以发给我看。"

学姐还是那么斩钉截铁。小何想着，挂上了电话，开始起草初稿。

写作范例

××街道值班工作制度

一、总则

第一条　为进一步规范街道值班工作，更好地保障街道内居民群众的生命财产安全，及时传递信息、服务基层，提高办事效率，特制定本工作制度。

第二条　街道成立值班小组，小组组长、组员由各分管领导、各科室人员担任，承担每天 24 小时日常值班工作。值班小组应明确工作职责，确保值班人员在岗。

第三条　值班小组成员应积极学习、敬业奉献，努力提高政策解读水平和日常业务能力，具备处理突发事件的应对能力。

二、工作职责

第四条　值班工作小组职责（略）

第五条　值班工作岗位职责

（一）组长职责（略）

（二）副组长职责（略）

（三）联络员职责（略）

（四）组员职责（略）

三、值班制度

第六条　电话接洽制度（略）

第七条　文件收发制度（略）

第八条　交接班制度（略）

第九条　保密制度（略）

四、重大突发事件处置

第十条　处置原则（略）

第十一条　处置程序（略）

五、考核和奖惩

第十二条　当日值班小组组长为直接责任人。街道综合科将定期对值班岗位工作情况进行抽查，并及时向党群科报告值班情况，并列入街道季度工作考核分值。

第十三条　对值班工作中成绩显著的工作人员给予表彰和奖励，并对年终评比个人专项分值予以加分。对由于值班工作态度疏忽导致联络中断、信息拖延的人员，应给予批评。对由于值班工作失职造成严重后果的，将报党工委研究做出严肃处理。

范例解读

这天晚上，小何把制度发给学姐。

手机屏幕上弹出来学姐的回复："小何，你的制度标题抓住了制定单位、事由和文种，挺好的。当然，也可以不用写制定单位，直接写事情和文种。"

小何说："我正文就是用你的大框架，感觉特别实用！"

"嗯，制度一般就用这三层，序言、主体、结尾。序言说清楚制度的指导思想、依据、目的、要求、范围等。主体说明各种具体规定。结尾就要说明制度如何执行。另外，别忘了单位名称和日期。"学姐补充道。

写作技巧

制度的序言和结尾并不难写，通常都有据可查，只需形成文字即可。技巧运用通常体现在制度主体上。

1. 细化要求

起草制度之前，要先想清楚制度用来鼓励什么、禁止什么。在有些部门，部分制度已经明确，还有一些则属于碎片化，甚至有一小部分在领导班子内存在意见分歧。因此，制度起草者不仅要负责"写"，还要负责"想"，即对领导意图进行提炼，将不确定的内容确定下来，将不一致的地方统一协调，从而保证制度能全面、准确、完整地体现领导要求和单位利益。

2. 内容务实

尽管文风务虚的弊病屡禁不止，但初学者必须清楚制度是和具体工作紧密联系的，它首先不是写给上级领导看的，也不是对外宣传给群众看的，而是写给本单位内部人员看的。因此，制度必须要围绕本单位的实际事务去列举职责、规定流程、分明奖惩情况，而不能或刻意回避矛盾，或夸大其词。否则，制度就很容易变成一纸空文。

3. 精练充实

制度不需要列观点、讲道理、说事实，不需要设想太多可能或分析各种利弊，必须具有一针见血的针对性，即提出要求、解决问题、说明结果。

制度内的要求是可执行的步骤、结果是能触动利益的奖惩。这样，制度才能精练有力，便于遵守和执行。

第二节　章　　程

章程是各类组织团体的纲领性文件，包括明确的宗旨内容和应用范围，具有鲜明的目的性，对组织团体内部成员产生直接约束力。

应用场景

天色已晚，××城区委办公室的灯依然亮着。小曹正在电脑前准备着青年志愿者联合会的成立大会材料。

这次成立大会，是为了广大青年能积极参与服务好基层社会治理，培育时代新风，推动社会文明进步，营造人人参与志愿服务的氛围，由区委宣传部指导共青团开展的。社会上的几家志愿服务队，还有本区一所高校的学生志愿者服务组织，将于本周末召开青年志愿者联合会成立大会。

小曹正将领导意图、成员想法汇总，拟定联合会章程提纲。入职三年积累的经验，让他迅速掌握了起草思路。

志愿者联合会，是一个社会团体。章程必须说明"团体是什么"，作为总则。然后是"团体做什么"，即业务范围。随后是"团体有哪些人"，即成员。后面还要有"团体如何运行"，即考评方法。此外，还要加上说明其他事项的附则。

半小时后，章程初稿跃然纸上。

写作范例

××区青年志愿者联合会章程

第一章　总则

第一条　本会的名称为××区青年志愿者联合会。

第二条　本会是由××区各青年志愿服务组织、相关单位和个人自愿结成的非营利性联合公益社会组织。

第三条　本会的宗旨（略）

第四条　本会各成员单位在业务上接受共青团××区委的指导。

第五条　本会办公室设在共青团××区委。

第二章　业务范围

第六条　（略）

第三章　会员

第七条　本协会由团体会员和个人会员组成。

第八条　团体会员入会资质（略）

第九条　个人会员入会资质（略）

第十条　会员入会程序（略）

第十一条　会员的权利（略）

第十二条　会员的义务（略）

第十三条　会员的退会（略）

第四章　会员考评管理办法

第十四条　各会员参加志愿服务活动，考评管理登记如下……

第十五条　志愿活动评分细则（略）

第十六条　会员评价方式（略）

第十七条　会员奖惩办法（略）

第五章　附则

第十八条　会员单位实行任期制，每两年根据日常工作情况重新授牌。

第十九条　本章程经会员单位一致同意，其解释权属共青团××区委。

范例解读

尽管小曹将拟的章程内容又修改了两遍，第二天交到团委那里，还是被指出问题。

书记在标题下面，仔细地打了个括号，加上一排文字。标题变成了这样：

××区青年志愿者联合会章程

（二〇二二年八月二十三日　××区青年志愿者联合会第一次会员大会）

"书记，这是必须得加的吗？"小曹忍不住发问。

书记说："倒也不是。章程的主标题大都是由组织、社团名称加文种组成的。比如《中国共产党章程》《中国人民政治协商会议章程》《中华全国青年联合会章程》等。如果你去搜一下，就会发现这些章程标题下面，都有修订和通过的具体时间、会议。"

小曹说："也就是说，大多数章程，都和组织、社团的有关会议相关，所以应该标明？"

书记说："是的！章程都是在会议上通过的，所以要把会议看成章程的发布者或者修改者，这才能代表所有成员。而且，通过的日期也就是发文日期。"

书记接着又说："打个比方，新生儿出生有出生证。章程就是社会团体的'出生证'。这份'出生证'是社会团体自己起草、通过和发布的，但我们也可以这么理解：没有社会团体，就没有章程。有了章程，才正式有了社会团体。这两件事是同时产生的，不能割裂其中关系。"

书记的一席话，让小曹更清楚章程的价值和意义。他又对其中一两处地方做了修改，章程草案基本上就完成了。

在不久后举行的会议上，会员们一致通过了章程。

写作技巧

章程通常分为总则、分则和附则。尽管看起来同属三段体，但章程和制度有显著不同。后者是约束已有集体的成员，而前者则是新集体诞生的基石。

1. 总则彰明高度

章程的总则要有一定高度，不能平平淡淡，而要发扬统帅作用。例如，阐述本组织、本社团的性质、宗旨，强调指导思想或明确长期目标、短期任务等。为此，总则可以适当引用党政理论的金句名言，从而表明政治立场，提振成员精神。

2. 分则简明扼要

制度通常针对具体的工作内容，而章程则偏重于相对抽象的组织机构，重点描述其活动规则。语言内容应简洁有力，抓住整个组织活动的重点内容，包括组织成员、组织设置、活动原则、工作方法、纪律要求、经费保障等。

3. 附则点明主题

附则通常只需点明起草、实施章程的主体即可，包括制定、修订、解释的部门。如果有适用时效，也应一并点明。

第三节 规 程

规程，是政府机关、企业、学校、科研单位对内部业务所作出的具体步骤规定，是该单位处理相关事务的行为依据。

应用场景

市政府，综合二科的科室会议。

老王："按照省委精神，我们要进一步改进作风，切实转变文风会风，提高公务活动效率。这项工作已经确定了，请小林同志起草一份文件，对市政府常务会议的工作程序加以明确。"

小林立即低头在笔记本上写下工作提示。

当天下午，工作忙完，小林开始构思这份文件。明确会议工作程序，应该是用制度、办法、章程，还是程序？

制度是约束一个部门所有人员的公文，来参加市政府常务会议的，是不同部门领导，显然不匹配。

办法是解决具体问题的公文，常务会议属于日常工作，并是具体问题。

章程主要是社会团体、组织使用，显然也不合适。

程序感觉到是可以，但真的有程序这种文体？

小林想来想去，自己在科室工作两年，写过一些公文，却还没碰到类似任务。但印象中，确实有专门的文体。

"看来，要学的东西还真不少。"他感慨着，点开电脑屏幕上的浏览器，想找点思维方向。

"规程"两个字赫然映入林凡的眼帘。他的思路打开了……

写作范例

××市人民政府常务会议工作规程

为完善市政府常务会议工作机制，积极改进会议作风，提高常务会议议事效率和决策效能，推进政府会议工作制度化、规范化。根据《××市人民政府工作规则》等有关规定，制定本工作规程。

一、会议参加人员

（一）组成人员。市政府常务会议由市长、副市长、秘书长及其他市政府党组成员组成。市长为会议召集和主持人，或委托常务副市长任召集和主持人。会议组成人员的出席人数应超过半数。

（二）列席人员。市政府副秘书长、市政府办公室党组成员为固定列席人员。市发展改革局、市财政局、市审计局、市司法局为固定列席部门。与会议议题有直接关系的单位主要负责同志，应列席会议。

二、会议议题

（一）议题范围。

1. 贯彻党中央、国务院，省委、省政府和市委的决策部署、会议精神。

2. 审议拟上报省政府、市委的重要工作事项。

3.（略）

4.（略）

5.（略）

6.（略）

…………

以上事项，由副市长、秘书长提出，经市长同意，列为市政府常务会议议题。在主管部门职权内自行解决问题、可通过市政府工作会议讨论决定或会签审批的事项，不提交市政府常务会议审议。

（二）拟提交市政府常务会议审议的议题，应在会前充分讨论、研究和协调，并经合法性审核。

（三）实行会前预审。（后略）

（四）实行会前向市委报备。（后略）

三、会务工作

（一）市政府常务会议一般每周召开1次，市长根据实际需要决定召开频次和时间。

（二）议题经市长同意上会后，由市政府办公室转各议题牵头办理单位，完善相关材料。（后略）

（三）汇报材料的内容要求。（后略）

（四）汇报材料的时间要求。（后略）

（五）汇报工作的记录要求。（后略）

四、会议纪律

（一）各列席单位一律由主要负责同志参加市政府常务会议。有下列情形之一，常务会组成人员、列席单位主要负责同志需向市长请假，其他列席人员需向市政府秘书长请假，经批准请假的列席人员应委托熟悉议题工作的副职参加会议。（后略）

（二）对汇报人的要求。（后略）

（三）市政府常务会议组成人员要熟悉自己分管工作的议题情况，并提出倾向性意见供会议参考。

（四）市政府常务会议列席人员应掌握涉及本单位的事项，以及本单位会前提出的书面意见情况。如在会上发表与书面意见不同的意见，应说明情况。

（五）会议列席人员原则上不带工作人员。

（六）会议保密事项。（后略）

（七）会议汇报材料管理事项。（后略）

（八）会议新闻报道有关事项。（后略）

五、会议落实

（一）市政府常务会议纪要起草要求。（后略）

（二）会议纪要执行要求。（后略）

（三）会议纪要事项的分解、交办、跟踪、催办、督办、落实、办结和报告等事项。（后略）

（四）对各有关单位要求。（后略）

（五）需要提请市委常委会审议的议题情况。（后略）

（六）会议审议通过后以市政府或市政府办公室名义印发的名义办理要求。（后略）

范例解读

小林将这份规程交给老王之后，多少有些忐忑。但老王的鼓励让他恢复了信心："整体还是不错的，基本上把会议的要求、程序都写清楚了，即便是从来没有参加过会议的领导，也知道应该怎么准备材料，保证会议程序。"

话题一转，老王继续说："不过，你还是遗漏了一些内容。比如说，你只列出了哪些议题应该上会，但你并没有写明哪些议题不需要上会。再比如，你要求了列席人员原则上不带工作人员，但你想过没有，如果是特殊议题，市领导希望能听听直接相关工作人员的看法呢？"

小林连忙在草稿上做了标记。

老王总结说："所以，规程这个东西还必须细化、深入。它不像制度，制度更多是起约束作用的框架。制度定出来了，就不能搞特殊化，不可逾越寸步，否则，要制度还有什么用，对不对？"

周围人看老王谈起业务，注意力都随着眼神转了过来。

"相比之下，规程更像说明书。"老王打起比方，"写作者要把每种情况都考虑到位，然后提供给操作者去按部就班地执行。这份说明书既要关注普通情况，又要考虑特殊情况；既要给出标准做法，也要给出变通做法；既要列出应该做的，还得列出不需要做的……"

有人接话说："老王，那这么一说，规程就像孙悟空的七十二变口诀。工作需要变什么东西，就得写出变什么东西的口诀。这口诀，不能变多，也不能变少，更不能变错！"

老王点点头："你这个比方，我感觉有点意思。"

趁大伙交流的空隙，小林修改了部分内容。主要的修改内容如下。

"（五）会议列席人员原则上不带工作人员。"

改为：

"（五）会议列席人员原则上不带工作人员。如因记录或询问等必要情况，可经市政府办公室同意后增加1名工作人员列席会议。"

写作技巧

与其他规范性文件相比，规程目的最为精准，即确保某项活动的正常进行。该活动可以是生产操作、研究评价，也可以是监督管理、会议商讨等。有了明确的规定步骤，才能保证工作效果。因此，规程具有直截了当的针对性、约束性，并且代表了领导意志下形成的应有程序。

1. 全面覆盖

规程的内容应严密全面。写作者应预先设想到各种可能，不能遗漏疏忽，随后再将之分配到规程中的条、款、项内，形成完善的条文。其中，对同一项工作的各种分支可能，应分解为不同款、项，对应介绍不同的操作步骤，确保尽可能详细明确，对操作者形成科学而充分的保障和支持。

2. 充分科学

同一项工作有不同操作可能和应对方法，但写入规程的方法，都必须有法律、原则和科学依据。

例如，起草安全生产检查工作规程，写作者就应进入工作情境中：既然进行安全生产检查，那么会有三种不同的可能性，分别是发现安全隐患、未发现安全隐患和无法判断是否存在安全隐患。其中，发现隐患应如何解决、整改，未发现隐患又如何评价、总结，而无法判断时又如何上报、分析等，都应有理有据，或者来自法律法规，或者来自技术规范，或者来自习惯做法等。如此，规程才能确保科学。

3. 条款间的逻辑清楚明细

规程主体部分，每条每款的内容关系要具体、准确，内容之间应具有清晰明白的逻辑顺序。

条的层次上，写作者可按照时间的顺序。例如会议前、会议中、会议后的逻辑关系。也可以按照类别顺序。例如论证类、执行类、监督类、考核类等。

款的层次上，则可进一步按照总分、上下、并列、先后等关系，划分不同可能，设计不同应对方法。

4. 规程写作时，应更为重视用词

例如，规程列举了"上报"这一操作行为，但其前缀不同，即代表了写作者想要传递的不同意图。如"必须"上报、"应该"上报、"可以"上报、"酌情"上报、"及时"上报、"逐级"上报等，分别强调了上报者需要采取的不同态度。为此，写作者在运用这些前缀词时，除了自身要充分领会领导意图，还要慎重选择词语，切不可随手而定。

第四节　办　　法

办法，是指党政机关为贯彻某一法令或解决某方面存在的问题而制定的法规性公文。

应用场景

周五上午，××区区委组织部调研室的电话响起。

"老章，是我。"上级的声音非常熟悉，"我给你邮箱发了文件，你赶紧看下，这个文件要求上报的材料比较急，周六你就得辛苦下赶出来。"

老章放下电话，下载文件仔细看了起来。

文件名称是"关于进一步精准提升农村无职党员教育实效的意见"，下发部门为市委组织部。《意见》本身没有太复杂的内容，而且事情也是半年前就布置下去，各街道、乡镇、社区都开展起来了。

老章领会了文件精神。相比之下，更迫切的是《意见》的后附要求："请各区委组织部于下周前，提交与本区农村无职党员教育实效提升相关的工作部署材料。材料不限具体领域，但必须翔实可行、具有典型代表意义。"

老章的思维火花点燃了。他飞速地回忆起这半年来本区农村党员教育的工作亮点，心里大概有了框架。

动笔之前，老章灵机一动，把文件发给小潘。小潘刚报到不久，还在适应工作环境。

等他看完，老章问道："我打算写无职党员的精准化管理。小潘，你感觉用什么文体，最符合上级要求？"

"用方案？"小潘试探着说。

老章摇摇头，心想这孩子刚出校门，果然是需要锻炼："用方案的话，角度和这个《意见》差别就不会太大，怎么体现'翔实可行'的分量呢？"

"用计划？"小潘问道。

"也不行，计划得有明确的时间节点，而且该项工作我们已经开展大半年了。现在写计划，不太像。"

小潘沉默了。老章不想再考验他，就解释说："还是用办法吧，这个文体最适合这种情况。这样，你帮我联系下各涉农街道的组织委员，就说组织部想了解下，他们具体用了哪些办法，推进无职党员教育。"

下午，材料齐备了，老章迅速在第二天拿出了《办法》。

📚 写作范例

×× 区农村无职党员精准化 "三定" 管理工作办法

为深入学习贯彻党的十九大和十九届二中、三中、四中全会精神，推进……

一、认识重要意义

农村党员是党员队伍的重要组成部分，是党联系农民群众的桥梁和纽带，是推动农村经济社会发展的骨干力量。（后略）

二、把握总体要求

推行农村无职党员精准化管理，要……具体工作中，要把握以下原则：

（一）坚持聚焦中心，推动发展。（后略）

（二）坚持支部主导，因村制宜。科学设置不同岗位，组织党员合理定岗编组，积极发挥作用。（后略）

（三）坚持激活主体，催生动力。（后略）

（四）坚持完善机制，融入日常。（后略）

三、明确方法措施

农村无职党员精准化管理以村为单位实施，具体操作中注重把握以下环节：

（一）按需设岗，以岗定责。（后略）

（二）量身定岗，依岗编组。（后略）

（三）分组活动，履岗尽责。（后略）

（四）定期评议，动态管理。（后略）

四、加强组织领导

推行农村无职党员精准化管理，是持续深化"两学一做"、进一步夯实基层基础的重要举措。各级党组织要高度重视，加强领导，精心组织推动，务求取得实效。

（一）落实领导责任。县、区党委要把推行精准化管理作为推进不忘初心、牢记使命常态化制度化的重要抓手，纳入党建工作整体布局，搞好统筹谋划、给予有力指导，定期研究有关重要问题，完善组织建设、队伍建设、制度建设、工作保障等方面的政策措施。（后略）

（二）强化督查指导。各级组织部门要切实负起责任，加强调研指导、分类引导，推动精准化管理工作扎实开展。（后略）

（三）夯实工作基础。推行精准化管理是一项系统工程，要坚持统筹协调，全面推进，以农村基层党建工作的整体提升保证精准化管理有效落实。（后略）

（四）注重总结提升。坚持实际、实用、实效原则，鼓励各地紧密结合实际，积极探索、大胆创新，不断丰富完善精准化管理的内容、形式和方法。（后略）

范例解读

《办法》上报之后，市委组织部有关领导口头表扬了××区的办法翔实可行。让人看了就知道在具体做什么，而不是连篇累牍地搞形式汇报，不是以文件精神传递文件精神。

小潘听说了，特地向老章恭喜。

老章摆摆手："咱们写公文，不是为了表扬，既是完成上级任务，也是把基层同志做的事重新归纳总结，形成经验方法。"

"那您再指点我一下，办法该怎么写？"小潘诚恳地说。

老章说："办法和方案、规划、计划不同。虽然名义上也是上级指导基层怎么做。但大多数情况下，办法都离不开基层实践。咱不能杜撰空想，你要知道最懂基层的是基层，最好的办法也经常来自基层。"

小潘连连点头："我就看过有些同志写的办法，好像都是把上级文件改改，没什么新意。"

老章说："是啊，这样写出来，很可能被批评还要重写。基层同志也不满意，觉得不接地气。"

小潘说："怪不得您要找各街道了解情况。"

"是啊！与其如此，不如先总结相关工作目前做到什么程度了，用了哪些方法。然后才是我们从写作角度考虑，总结哪些方法还能在时间、范围、形式上有所延伸，哪些方法有所欠缺，还需要补充。哪些方法不太科学、不合时宜，要避免写进去。当然，你还要把上级正在推行的方法，提前布局进去……只要你学会这样打造办法的主干，就不会有太大问题了！"

写作技巧

办法类公文不仅考验写作能力，更考验个人的综合能力。这类公文的意义在于对未来成效的影响作用，从希望达成的目标来"倒推"过程步骤。

1. 准确分类

写作之前，应根据内容、性质的不同，将办法分为实施办法和管理办法。

实施办法通常依附于某种行政性、法规性的文件，应将原文件作为核心，提出具体实施方法。该类办法着重对原文件的实施方向提出具体意见，即对某些有关条款进行诠释和说明，或结合实际情况补充一些特别条款。写作实施办法，不需要盲目追求全面，而应追求务实，其内容应更注重细节。

管理办法则是根据管理需要而制定的规范，其内容应相对概括独立，一般比较全面。写作这类办法，需要根据管理的范围、责任、过程和实行方向作出明确规定，重在系统周全，包括指导思想、具体原则、工作目标、重点任务、组织机构、实施步骤、保障措施、责任分工等。

2. 戒除经验主义

写作者不能依赖某类经验，而应充分搜集工作方法的相关信息，站在领导要求的高度，加以融会贯通。

实践中，有些部门或人员在起草办法时，只是将原有的工作方案、计划、总结稍加修改，但却没有注意到环境、目标、要求等都发生了变化，久而久之，办法就失去了指导当下实践的价值。此外，也有人过于依赖上级机关，只要上级下发过对应的文件，就拿来作为"参考"。诚然，上级对工作的大局观更强，对意义认识更为深刻，但这并不代表其公文就能完全适用于基层。如果盲目引用改写上级公文，只会让办法脱离群众。

3. 明确规范对象

办法的撰写方法和意见、规定、条例、细则多有近似之处，在写作过程中，文章内容可以互相参考引用，犹如通用的机器设备之间进行零构件交换。但写作者应明确办法的规范对象主要"对内"，而其他类似公文则主要"对外"。

因此，除了办法的内容应贴近实际外，写作者还要考虑阅读者的文化程度、语言习惯。如果阅读者是基层普通人员，就要追求简练通俗的文字表达方式，做到简明扼要、一目了然。

第五节　规　　划

规划，是相对全面、长远的计划，具有前瞻性、预测性和指导性。

应用场景

元旦刚过，某区农业水利局便召开了全局中层以上干部大会，会上对过去一年的工作进行了总结，对新一年的工作进行了安排。在新的一年，区农业水利局的重点工作就是开展全区农田水利设施建设。对此，局主要领导安排办公室尽快拟定一份工作规划。

老刘在接到任务之后，迅速布置了下去。办公室的小王负责收集往年的资料，小李负责研判全市农田水利规划的大方向……

综合各方面信息后，老刘简单拟定了一份《2022 年农田水利设施建设工作计划》，但这个工作计划内容略显单薄，还达不到统领全区农田水利建设工作的高度。

老刘喊上小王和小李，对规划进行了补充修改。

写作范例

农田水利设施建设规划

第一章　综合说明

1.1　基本概况

××区位于××市中心区域，面积 178 平方公里，常住人口达 42.9 万，辖 6 个街道办事处，共有 42 个社区和 11 个村。耕地面积 26.45 万亩，森林覆盖率为 71%，水资源总量 48.77 亿立方米，其中客水量 36.608 4 亿立方米，已开发利用 25.490 8 亿立方米。（后略）

1.2　农田水利设施现状

全区水资源总量 8.77 亿立方米，现已开发利用 25.490 8 亿立方米，其中农业用水 0.84 亿立方米，工业用水 20.66 亿立方米，生活用水 0.106 8 亿立方米，生态用水 3.884 亿立方米。（后略）

1.3　规划指导思想与原则

规划基准年为 20×× 年，规划水平年为 20×× 年。

本规划按照"整体规划、分项管理、渠道清晰、收益各计"的原则，对农田水利项目进行充分整合规划，对资金高效利用，推荐农田水利设施工程运行管理体制的改革，以有效提高水利设施运行效率和实际收益，提高我区农业抵御旱涝等自然灾害的能力。（后略）

1.4　规划分区和总体布局

（具体略）

1.5　农田水利建设工程规划

（具体略）

1.6　环境影响评价

（具体略）

1.7　投资估算与效益分析

（具体略）

1.8　工程分期实施计划

（具体略）

1.9　实施保障措施

对建设项目实行项目法人或业主负责制，由地方政府和各级水利部门会同财政部门负责项目规划、设计、管理和建设、技术指导、项目的审批，督促落实工程建成后的经营和管护。（后略）

第二章　基本情况（本章及以下为提纲）

2.1　自然地理与社会经济

2.1.1　地理位置和行政的划分

2.1.2　自然条件

2.1.3　社会经济

2.1.4　农业生产条件

2.2　水资源利用现状

2.2.1　全区水资源总量

2.2.2　水资源开发利用现状

2.2.3　水资源开发利用存在问题

2.3　土地资源开发利用情况

2.3.1　全区土地资源总量

2.3.2　土地开发利用现状

2.3.3　土地资源开发利用存在的问题

2.3.4　农田基本情况

第三章　农田水利建设的必要性

3.1　农田水利建设现状

3.2　农田水利建设存在的主要问题

3.3　加强水利建设的必要性

第四章　指导思想与规划原则

4.1　指导思想

4.2　规划原则

4.3　规划依据

4.3.1　法律依据

4.3.2　政策依据

4.3.3　各相关技术规程规范

4.4　规划水平

规划基准年为 20×× 年、规划水平年为 20×× 年。

4.5　规划范围

4.6　规划目标与任务

4.6.1　规划目标

4.6.2　规划任务

第五章　规划分区和总体布局

5.1　　规划分区

5.1.1　规划分区原则

5.1.2　分区水资源现状

5.1.3　分区土地利用现状

5.1.4　分区水利基础设施现状

5.2　　分区发展策略

5.3　　分区水资源供水分析

5.3.1　灌溉设计保证率

5.3.2　分区需水量

（1）农业灌溉需水量

（2）农业其他需水量

（3）农业生活用水

5.3.3　分区可供水量预测

5.3.4　分区水量平衡分析

5.4　　分区工程布局

5.5　　分散片规划

5.5.1　分散片基本情况

5.5.2　分散片规划

5.6　　总体布局

第六章　农田水利建设工程规划

6.1　　分区工程规划

6.2　　工程量汇总

第七章　环境影响评价

7.1　　对环境的正面影响

7.2 对环境的负面影响

7.3 综合评价

第八章 投资估算与效益分析

8.1 投资估算

8.1.1 投资估算的原则和依据

8.1.2 项目投资估算

8.2 效益分析

第九章 工程分期实施计划

9.1 分期实施原则

9.2 分期实施计划

第十章 实施保障措施

10.1 组织机构

10.2 投入机制

10.3 鼓励政策

10.4 管护制度

范例解读

加了两个周末的班，老刘整合了农业水利局的业务材料，顺利地拿出了规划的草稿。

看完草稿，老刘高兴地打电话给分管领导："领导，多亏了小王和小李，这次规划才能顺利完成草稿。"

分管领导问："你是怎样在这么短时间做出来的?"

老刘谦虚地说："其实也不算太难。虽然说规划的具体任务有轻重之分、目标有大小之别，写法也可以或繁或简，但它终归是公文，也遵循普通公文的规律。"

"以正文来说，规划和计划不同，前言要丰富，我就专门用第一章，以综合说明的方式来介绍规划制定的依据和基础。后面的内容，像是基本情况、必要性、指导思想和规划原则这些，其实都是咱们区农田水利基础设施背景和实际情况的介绍，注意表述其客观的特点和性质。从第五章到第九章，才是规划真正内容，包括从时间、空间、项目上进行划分，进行长远计划。第十章我强调了保障措施，让规划能得到切实执行。"

分管领导点头肯定："老刘，你不仅工作高效，经验总结得也好。任何事情都是这样，找准了普遍规律，就容易拿到想要的结果！"

写作技巧

规划要更为全面、系统展现某一领域未来发展的图景，相对而言，计划则比较单一具体。

从时间而言，规划的期限较长，即便列出时间也是大致时间，例如20××年到20××年，对时间划分的要求并不严格。计划的期限较短，精确程度较高，可能会细化到季度、月甚至周。

从内容而言，规划主要是确定业务方向、规模和远景，其中具有一定的预测性，并非在当下确实能体现。而计划则要遵循时间节点，每个步骤都应真正落实并限期完成，且经得起检验。

写作者应尽量提前准备，以便对制定规划的业务领域加以充分熟悉，对相关社会背景、法规政策、牵头部门、下属单位、人员配置、资源关联、合作部门的情况进行搜集和分析，从而对规划内容形成切实核算和充分估计。

现实中，规划定稿的具体规模、数字等目标，很大程度上取决于本单位的实际情况，但写作者要心中有数。如果现有条件较好、工作基础扎实，则规划目标可以相对较高。否则，规划目标的就应相对低一些。

如果规划预定篇幅较大，写作者就有必要用充分章节说明现实情况，以证明规划的严谨科学。在必要情况下，写作者还可以向领导口头汇报说明情况，以解释建议规划目标的合理性。

写作者应从发展观点出发，提出措施。规划内容需要体现出主客观环境的变化趋势，即发展的观点。诸如事物本身的变化、资金的不断增长、技术的革新趋势、人才的发掘激活等，凡是有利于规划实现的因素，作者都应按照季度、年度情况加以适当推算、量化列举，以此体现规划对工作全局部署的科学性，也能增强读者信心、鼓舞集体斗志。

除了列举发展中的推进因素，作者还要明确提出切实可行的措施。要注意规划措施和计划措施不同。计划措施更为具体，包括岗位、小组、具体人员应做什么，而规划措施则需要更为全面，即从宏观角度看某地域、某级政府应长期保持整体一致性，以确保措施能在时间和空间两方面发挥长期作用。

当然，规划措施也应分清主次。对影响力较大的主要措施，同样应进行业务类型或时间期限上的划分，即将措施运用过程分解为较小的阶段或领域，再针对这些阶段或领域，分别写出相应较小的具体措施内容。例如范例单独列出的"6.1 分区工程规划"是按地理特征做出的分项规划。"9.2 分期实施计划"则是按时间分期作出的分项规划。

第六节　规　　定

规定，是政府机关、社会团体、企事业单位等，针对某类工作事宜作出规范要求，从而确保统一行动的公文。

应用场景

××师范大学中文系的韦老师，调进学校办公室已经担任了两年文字秘书工作。

这天，毕业的学生小芬来看她。

"好久没来看你了，忙什么呢？"小芬问道。

韦老师说："还不是忙文字嘛。最近又要出个公文收发方面的规定。"

小芬说："为什么要写规定？"

韦老师说："我们这学生和教职工人数日渐增多，如果没规矩，真是会乱套。就拿这个公文收发规定，可不好写了。"

"规定有那么难写吗？"小芬笑着问。

韦老师指着屏幕："我刚写好，你来看看就明白了。"

写作范例

××师范大学公文处理规定

第一章 总则

第一条 为切实发挥公文效用，根据《党政机关公文处理工作条例》（中办发〔2012〕14号）和上级有关规定，结合我校实际，制定本规定。

第二条 本规定适用于全校各院系部门的公文处理工作。

第三条 公文是传达上级指令，指导、布置和商洽工作，请示和答复问题，报告、告知或交流情况的重要工具。如能采用面谈、便函、通讯、会议等形式处理的事项，不提倡行文。

第四条 公文处理工作应坚持实事求是、精简高效、规范准确、安全保密的原则。

第五条 公文实行统一管理。学校党委办公室、校长办公室主管全校公文处理工作，对各院系、各部门进行业务指导和督促检查。各院系、各部门应确定具体负责公文处理的人员和岗位。

第六条 除涉密和特殊公文外，学校公文处理一般通过办公自动化系统（简称 OA 系统）进行。

第二章　公文种类

第七条　学校主要使用的公文种类有：（后略）

第三章　公文格式

第八条　公文一般由份号、密级和保密期限、紧急程度、发文单位标志、发文字号、签发人、标题、主送单位、正文、附件说明、发文单位署名、成文日期、印章、附注、附件、抄送单位、印发单位和印发日期、页码等组成。

具体规定如下。（后略）

第九条　学校公文使用的汉字、数字、外文字符、计量单位、标点符号等，应遵照相关的国家标准和规定执行。

第十条　学校公文使用的版式，应参照《党政机关公文格式》标准执行。

第四章　行文要求

第十一条　文件数量应精简。（后略）

第十二条　文件篇幅应控制。（后略）

第十三条　行文关系根据发文单位隶属关系、职权范围确定。（后略）

第十四条　以学校名义行文，应经办公室审核。（后略）

第五章　公文办理

第十五条　公文办理包括发文、收文和归档三类事务。（后略）

第十六条　公文发文处理应保证质量、认真审核。流程如下：（后略）

第十七条　公文收文处理应及时、准确。流程如下：（后略）

第十八条　公文审批流程。（后略）

第十九条　公文印发流程。（后略）

第二十条　公文归档流程。（后略）

第六章 附则

第二十一条 涉密公文按有关保密规定执行。

第二十二条 本规定由学校党委办公室、校长办公室负责解释。

第二十三条 本规定于发布之日起施行，原《××师范大学公文处理规定》（校发〔2007〕9号）同时废止。

范例解读

小芬看完，啧啧称赞："确实，这份规定十分规范！"

韦老师说："是啊，从本质上说，规定是部门、单位内部的'立法'。所以不能随随便便出规定，规定里面必须要依据法律、法规、标准、规范这些国家制定的依据。"

小芬摇摇头："这么看来，我们学校那些作息规定，不应该叫规定了。"

韦老师说："嗯，严格来说，能用通知、意见、办法、制度确定的，就不应该再用规定了。而且，发布、修订了新规定，还要检查是否需要废止旧有规定，或进行相应调整。"

小芬说："韦老师，看来写作公文，真是一门学问。我现在不写公文了，感觉以前跟您学过的全都丢了。好想再回来上课啊！"

写作技巧

近年来，在政府部门外的不少企事业单位内，出现了"规定"文体被滥用的情况。甚至有私企还制定推行"关于流水线操作员工工作时间上厕所的规定"。类似现象既令人哭笑不得，也说明写作者清楚、全面地认识"规定"的重要性。

1. 普遍采用"条目式"结构

虽然也有三段体的规定，但更为常见的是"条目式"。整篇规定从头到尾都采用条目陈述。如果篇幅较长、内容较为详细，还应该根据逻辑关系，先分出章目，不同章目内依序设置条目。通常情况下第一章为整体概述，写清楚本规定的制定原因、目的、依据、总体原则。其后设置若干章，分别明确不同要求。结束部分为附则章，包括发布单位、解释单位、施行日期、废止原规定等内容。

2. 采用近似法律的语言文字标准

写作者可以参考全国人民代表大会常务委员会法治工作委员会于2009年和2011年发布的《立法技术规范（试行）（一）》和《立法技术规范（试行）（二）》文件精神。其中对法律常用词语做出的规范，除了适用于立法外，也适用于政府、企事业单位的规定类书面用语。

例如"和、以及、或者"的运用，"日、工作日"的区别，"执业人员、从业人员"的差异等，写作者都应通过对上述文件学习加以准确理解、把握和运用。

3. 运用"试行""补充""若干"等词语

写作者可以运用"试行""补充""若干"等词语前缀的标题方式，使规定在实践中的作用具有一定弹性。这种发文方式，也避免了不断推出新规、废止旧规的尴尬。当然，这样的标题需要写作者根据实际情况，向领导提出正确意见并被采纳后才能加以使用。

第七节　规　　则

规则，是国家机关、社会团体、企事业单位等对某项具体活动作出明确规定的规范性公文。

应用场景

D区文化旅游体育局，综合科。

"小程，上次我们和区卫健委、区总工会碰了一下，按照区领导的建议，我们决定把今年的体育活动给变一下，考虑增加乒乓球比赛，怎么样？"

说话人是小程的上级老丁。

小程心领神会。以往的群众体育活动，不是棋牌就是拔河，形式比较单一。

"好的。那我把规则起草一下，到时候您给看着改改。"小程说。

老丁摆摆手："哎，太谦虚了，我早就知道你是咱们局笔杆子，绝对没问题！"

小程很快就拿出了新的乒乓球业余联赛规则。

写作范例

2022年××区乒乓球组比赛活动规则

一、组织机构

××区文化旅游体育局 ××区卫生健康委员会 ××区总工会

二、竞赛项目、组别

（一）项目

本次比赛只设单打项目。

（二）组别

A组：25岁至34岁组男、女单打；

B组：35岁至44岁组男、女单打；

C组：45岁至54岁组男、女单打；

D 组：55 岁至 64 岁组男、女单打；

E 组：65 岁及以上组男、女单打。

三、比赛形式

以各街道办事处、区直机关各部门、各有关单位、区属企事业单位和社会团体为单位参加比赛，其中优胜运动员由区文化旅游体育局组队参加市级选拔赛。

四、运动员资格

（一）运动员具有 ×× 区户籍且与代表队所在地户籍相符，如有区外、异地人员在当地工作、学习者，须提供在当地一年以上社保证明或学籍证明。退休人员以本地户籍为依据。一个运动员只能代表一个单位参赛。

（二）运动员年龄规定：

25 岁至 34 岁组：1988 年 1 月 1 日至 1997 年 12 月 31 日之间出生者；

35 岁至 44 岁组：1978 年 1 月 1 日至 1987 年 12 月 31 日之间出生者；

45 岁至 54 岁组：1968 年 1 月 1 日至 1977 年 12 月 31 日之间出生者；

55 岁至 64 岁组：1958 年 1 月 1 日至 1967 年 12 月 31 日之间出生者；

65 岁及以上组：1957 年 12 月 31 日以前出生者。

（三）凡在各省、自治区、直辖市、计划单列市、解放军、行业体协等体育部门正式在编过的运动员不得参赛。

（四）参赛运动员必须购买意外伤害保险，如在比赛期间出现运动伤害事故须自行负责。

（五）运动员身体健康，并有所在地二级以上医院出具的健康证明（含心电图检查证明）。

五、竞赛办法

（一）执行中国乒乓球协会审定的最新《乒乓球竞赛规则》。

（二）各代表队可报领队 1 名，教练员 2 名。单打比赛各年龄组限报男、女各 2 名运动员。

（三）单打比赛

分两阶段进行，第一阶段分组循环，第二阶段进行单淘汰赛加附加赛。第一阶段全部采用 3 局 2 胜制；第二阶段，65 岁及以上组采用 3 局 2 胜制，其他组别 1/4 决赛、半决赛、决赛采用 5 局 3 胜制，其他轮次采用 3 局 2 胜制；每局 11 分制。

（四）比赛使用 ×× 牌白色塑料乒乓球。

六、获奖名次与奖励

比赛按各组别取前 3 名，颁发证书。

七、裁判和仲裁委员会

（一）裁判员及仲裁委员会由 ×× 区文化旅游体育局选派。

（二）仲裁委员会人员组成和职责范围按《仲裁委员会条例》规定执行；

八、未尽事宜，另行通知。

范例解读

"小程这么快就写好啦！"快下班时，小林看到屏幕上的文件，好奇地问道。

小程说："这个规则并不算难，我把以前羽毛球比赛规则拿了出来，在基础上改改就行了。"

小林："真这么简单？"

小程没来得及回答，就被叫去了办公室。

同事老彭听了，哈哈笑起来："小林，你还真信他说的，这个改可得靠经验。"

说着，他走了过来，在电脑上指点着："你看，竞赛项目要放在最前列位置，其中尤其要体现'只设单打'。虽说这不是什么通用规则，但在我们这次活动里，必须对此预先说明。这样，就能避免报名者的误解。"

"再来看这条。"老彭指着文件草稿的"运动员资格"部分。

"这段，运动员具有××区户籍且与代表队所在地户籍相符，还有这段，人员以本地户籍为依据。一个运动员只能代表一个单位参赛。这些内容，都是小程修改增加的。"

"为什么要增加呢？"小林问。

"之前的棋牌、拔河比赛大都是集体项目，每个单位可能都请一两个'外援'，大家心知肚明，也就是图个乐，所以没有这些规定。但这次，考虑到乒乓球单打比赛的特殊性，如果从外区找一个水平高的人来，对其他人太不公平。所以小程专门请教了一些单位的意见，再加了这些，等着请领导批示呢。"

小林说："您不说，我还真看不出来，原来一个规则里面的学问也很多！"

写作技巧

规则的适用范围很广，涉的事务面也可宽可窄。在某些场合中，规程和规则可以通用。例如，有些地方政府使用"政府工作规程"，也有些地方政府使用"政府工作规则。"

通常而言，具有明确意义、时间点、参加人员、成果的业务活动，使用"规则"。例如比赛、竞赛、考核、考试、评比等。相比之下，政治倾向较强、具有日常性的工作活动，使用"规程"。

1. 规则有明确的服务和指导对象

规则是否公平、准确、科学，会很大程度影响参与人的切身利益，例如荣誉、名次、职称甚至直接收入。这也是规则和规程的重要不同：规则重在调节个人、部门利益，而规程重在调节集体、组织利益。

因此，在制定规则时，要充分考虑约束对象的正当要求、合理意见，尤其当规则面向普通成员时，写作者更应该深入了解基层想法，搜集意见，用文字材料去帮助领导全面了解客观实际，避免主观拟定。否则，在规则的执行中，就很容易事与愿违。

2. 草拟规则前，写作者应清楚规定的对象

规定的对象不仅包括有关人员，还应包括具体事项。

例如，范例中小程所起草的规则，规定的实际上是乒乓球比赛这一活动，而并非乒乓球比赛过程中的得分、计分、违纪等相关事宜。

明确规定内容后，写作者就应围绕具体对象，提出详尽的规范化要求。而对于规定不应涉及的事项，则无须提及，避免规定的"越界"。

3. 包括规则在内，大部分规范类文件都是作为"通知""意见"等正式文体的附件下达

"规则"经常并非唯一附件，同时还有其他附件一并下达。为此，写作者需要经过有效设计，将那些不适用于规则的内容，设置到其他附件中，或将其他附件内提出的规范性要求，纳入规则中。如果是不同人员起草，则应事前做好沟通。

第八节 公 约

公约，是一定地域内，全体社会成员所应遵守的行为准则、道德规范，属于面向受众最广的规范类公文。

应用场景

6月初，××市文明办、公安局、交管局联合开展了城市文明交通宣传周活动。在会议上，领导明确表示，宣传周活动的价值在于配合交通整治专项行动，严格纠正各类不文明交通陋习，包括不礼让斑马线、车窗抛物、非机动车逆行、电动车驾乘人员不戴头盔等问题。

按照会议布置，要起草一份《××市市民文明交通公约》。思想道德建设科老许忙着到县区布置基层宣传工作，就将起草材料的任务交给了新科员小涛。

"这还不容易，不就是交通法规嘛！"小涛暗自说道。

小涛点击着电脑上的浏览器，熟练地打开网页，搜索起交通法规法条。不一会，一篇拼凑的"公约"完成了。小涛打印好放到老许桌上才下班。

第二天，老许刚来办公室，就对着"公约"直摇头。

"小涛，你这不是公约，是法律读本啊！"说着，老许改动起来。

写作范例

××市文明交通公约

一、××交通，城市脉搏，市民珍惜，畅通出行。

二、驾车文明，系安全带，行车抛物，违章必责。

三、斑马线前，车辆慢行，行人快走，互让为谦。

四、工程车辆，环保上路，特种车辆，通行优先。

五、酒驾毒驾，严重违法，事故凶险，铁窗根源。

六、骑行交通，各行其道，绿色出行，看清信号。

七、购电动车，先上号牌，头盔戴好，安全重要。

八、共享单车，有序停放，规范骑行，儿童禁止。

九、步行文明，不翻护栏，绿灯可走，红灯必停。

十、现代城市，贵在文明，交通保障，利己利人。

范例解读

　　小涛捧着老许改过的市民文明交通公约，看不出原稿的影子。但仔细品读，又发现其中每条也还是对交通法规法条的解读，只不过换成了朗朗上口的四字短语形式，有些地方还尽可能押韵。

　　"我感觉你改的这个版本很好。不过，就是没有政府公文的感觉？是不是理解太狭隘了？"小涛不解地问。

　　老许说："小涛，公文可是有很多种。广义来说，并非只有采用红头标题、使用官方用语的文章，才能发挥公文的作用。无论是历史还是当下，很多公文都采用了群众喜闻乐见的语言来进行宣传，也取得了很好的效果。"

　　小涛说："我明白了，看来我还是要多学习，不能只停留在纸面的规则理解上！"

　　老许说："是的，除了语言这一块，我感觉你还要多深入了解下公约的结构形式是如何组成的。"

　　这天下班后，小涛专门做了一份公约的学习笔记。

　　公约的结构形式，主要包括标题、正文和落款三部分。

　　（1）标题。标题只需直接写明公约的主题，如"社区居民公约""卫生公约"等。

　　（2）正文。公约正文可以采用非韵文体，也可以采用韵文体。

　　非韵文体的开头部分，应概括写明发布公约的目的和意义。并在随后的文字中，将公约希望所有人遵照执行或不得违反的重要内容，以条款形式写出来。这种公约通常用于范围稍小的社会群体内部，例如小区、社区、写字楼等。

　　韵文体公约从一开始就应进入主题，可以分条，也可以逐句写作。

　　（3）落款。公约的落款通常应写清发起公约的单位名称和时间。如果某些公约在标题中已经写明了单位名称，在落款处也可以不必赘述。

写作技巧

公约通常是为了向受众宣教其应该遵守的道德、行为规范。在内容上应注意针对性、实质性，坚持通俗易懂，避免空洞乏味。

写公约，需要将重点落在"约定共同做什么"的内容上，再将"约定不能做什么"的意图蕴含其中。这两种内容的比例应根据实际主题加以确定。相对而言，鼓励性要求应较多，而禁止性要求应略少。前者强调正面行为，更便于个体记忆和执行，并随时对比检查自己是否做到。而后者凸显了反面行为的错误，由于公约面向行政机关外部而非内部发布，因此不便具体阐述如何避免、规制和处罚。

总之，公约所涉及推动、鼓励、宣传的内容必须全面完整，不应有所遗漏。无论是内容宽泛、面对对象较广的社会性公约，还是内容相对集中的行业公约，都应遵循这一原则，否则就会导致公约失去其应有的价值。

普通的公约，应尽量保持内容单一，即每份公约只写一件事情。这能确保公约主体单一、清楚明晰、简明扼要、通俗易懂，有效避免冗长繁杂的官方语言和不必要的专业术语，从而减少公约传播和理解过程中的障碍。

署名的意义。对于行业性公约而言，署名具有重要意义。参与签署行业性公约的单位或个人，应通过署名来表示承诺，表明对公约加以遵守的意向，并愿意为违背公约承担相应的惩罚。

在制定行业性公约之前，起草者应广泛征询各方意见，将之形成草稿后再交给集体讨论，并付诸修改。经过这一程序形成的公约，才能以适当形式通过并公布生效。

第六章

会务类（会议活动常用）

会务文书是一个综合体，它包括各种会议中所使用的文书。会议是党政机关、企事业单位、社会团体等组织进行讨论研究、工作总结、工作决策、工作部署、经验交流和处理其他事物的公务活动。会务文书的范围很广，包括会议讲话、会议报告、会议记录和其他事物文书，如：开幕词、闭幕词、欢迎词、欢送词等。只要是撰写各种会议或仪式的文件材料，都可以算会务文书。

读者将在本章中，了解和熟悉各类会务类文书的特点区别、写作结构和写作方法。

第一节　开　幕　词

开幕词是领导人在会议或者重大活动开幕时所作的讲话、致辞，主要阐明会议或者活动的宗旨和意义，向参与者提出开好会议或者搞好活动的要求。

应用场景

某街道将在×月×日上午举行 2022 年丰收节开幕式活动，按照活动流程，街道党工委书记需要在活动开始时作开幕致辞。作为活动承办方，该街道的办公室承担了活动内容的策划和组织，同时要拟好开幕词。因为活动较大，涉及的参加领导和人员也多，很多细节需要安排组织，加之活动的具体流程在活动开始的前一天下午才确定好，办公室老王只能利用活动前一天晚上的时间抽空写好，发给了书记。

书记看完，直接打电话给老王："老王，这个开幕词里面，不能只介绍活动的情况。我们街道作为承办方，还要介绍下街道的特色工作，你结合丰收节的内容，把我们街道的乡村振兴方面的成果也写进去。"

老王根据书记的要求，又将街道的乡村振兴工作成果内容添加到了开幕词中，修改完毕，已经夜里 11 点多了，赶紧又发给书记审阅，书记表示可以了，老王才算松了一口气。

写作范例

在 2022 年 ×× 农民丰收节开幕式上的致辞

各位领导、各位嘉宾，同志们、朋友们：

金秋送爽，丹桂飘香，今天我们相约在美丽的 ×× 街道 ×× 公园，共同体验丰收的喜悦甘甜，共同欢庆 2022 年 ×× 农民丰收节胜利开幕！借此机会，我谨代表 ×× 街道党工委、办事处和街道所有居民，向长期以来关心支持街道发展的各位领导、各位来宾和社会各界人士，表示最衷心的感谢和热烈的欢迎，向广大农民朋友和农业农村工作者致以节日的祝贺！

谈及乡村振兴，我们可以从 ×× 公园的变化中，得到最直观的感受。几年前，这里……现如今，这里……×× 街道作为我们区乡村画卷中浓墨重彩的一笔，今年以来，在区委、区政府的坚强领导下，紧密围绕乡村振兴工作总要求，充分发挥区位、资源优势，不断促进转型发展、城乡融合发展，推动乡村振兴战略落地生根。

今天的 2022 年 ×× 农民丰收节，我们以"庆丰收、迎盛会"为主题，以"农产展销、农具展示、农耕竞技、农手工艺"为主要内容，以文艺汇演为主要形式，开展农民丰收节系列庆祝活动，着力营造全面推进乡村振兴、加快农业农村现代化、城乡共庆丰收的浓厚氛围。希望各位来宾积极参与、尽情享受，与村民共庆佳节、共享喜悦。

最后，预祝 2022 年 ×× 农民丰收节活动圆满成功！祝大家生活愉快，万事顺意！谢谢大家！

范例解读

开幕式活动结束后，书记对老王说"活动举办得这么顺利，你辛苦啦。"老王笑着说："应该的。就是开幕词写得不好，您又临时修改了一部分吧？"

书记说："写得不错，就是有些语句我稍微修改了下，改得口语化一些，毕竟不是工作汇报。"

老王："知道了，以后我会注意。"

抽空，老王又学习了开幕词的下列写法要点。

开幕词一般分为标题、称谓、正文三个部分。

（1）标题部分。一般标题有三种写法：一是以会议或者活动名称作为标题，如"在××活动开幕式上的讲话"；二是加上致辞领导的姓名，如"某某在××活动开幕式的讲话"；三是用提示内容中心或主旨的标题，在后面通常加上副标题，如"庆丰收，迎盛会——在××活动开幕式上的讲话"。

（2）称谓部分。通常用"同志们""朋友们""各位代表""各位来宾"等。

（3）正文部分。正文部分分为开头、中间和结尾三个部分。开头一般是对整个活动或者会议的召开进行介绍，并对来宾表示欢迎。中间部分主要是介绍会议或者活动的背景和意义、主要任务和内容。一般致辞人作为承办方的领导，会在此部分介绍承办单位在此次活动中的工作成果；会议的主要议程及要求。结尾部分一般都是"祝活动圆满成功"之类的祝愿语。

写作技巧

1. 用词应简明、口语化

开幕词一般是为了阐明会议或活动的宗旨、目的、意义、内容等，应用场合与工作汇报不同，主要是用于会议或者活动的开场。因此，开幕词要用词简洁，尽量口语化，最忌长篇大论、言不及义。写作者应多使用短句和祈使句，表示祝贺和希望。

2.要具备宣告性和鼓舞性

开幕词运用于会议或活动的开端仪式，具有宣告会议或活动正式开始的特性，同时也能表达作为主办方对会议或活动圆满成功的良好祝愿情感，并起到调动参与者积极性的目的。因此，语言要充满热情鼓舞人心。

3.适当体现承办单位特色

一般的会议和活动，往往由某地政府或者某部门承办，致辞人通常是承办单位负责人。在致开幕词时，大都会根据会议或者活动的主题和内容，结合本单位工作情况，进行简单而又富有鲜明特色的介绍，以突出单位的工作成果。这些内容往往也是致辞人最为重视的部分，但刚入职的公务员在写作时，往往容易忽略。

第二节　欢　迎　词

欢迎词，是在座谈会、宴会、酒会等正式社交礼仪场合，举办方为感谢来宾的光临所发表的讲话内容。

应用场景

×月××日M市将举办全省第三季度经济形势分析会议，届时会有来自H省各地的市政府领导、发改委和财政局等部门领导、相关工作人员前来参会。

M市市委办公室老李计划从几名年轻科员中选择一名撰写本次会议的欢迎词，他详细介绍了此次会议的重要性及对M市后续发展的影响。

　　大家都十分踊跃地想要承接此次任务，"写之前。我还有几点需要交代。"老李继续说道，"一是会议的欢迎词由李市长宣读，二是此次会议是在我市首次举办的省级会议。写稿时需要什么资料可以到资料室查阅，那我明天一早等着收稿了。"

　　第二天早上老李刚进办公室，大家便先后交了稿件。半小时后，老李神秘地说："有一份稿件写得非常优秀，几乎不用修改可直接使用。"

　　但具体哪份稿件中标，老李却故弄玄虚。下面就是那份稿件。

写作范例

欢　迎　词

　　秋风送爽，丹桂飘香，在这个硕果累累的金秋时节，我们非常高兴地迎来了 H 省第三季度经济形势分析会议的召开。在此，请允许我代表 M 市委、市政府对各位的莅临表示诚挚的欢迎！

　　年初以来，M 市深入贯彻省委、省政府制定的经济发展方略，利用 M 市独有的资源优势开展了"产业项目建设年"的招商引资活动，吸引了众多优秀企业前来投资建设，截至目前……

　　这次大会选择在 M 市召开，是对 M 市经济发展现状的肯定，也是对我们工作的鞭策。作为本次大会的东道主，我们诚挚地欢迎各位领导、来宾为 M 市的经济发展献言献策，监督我们的工作，我们将以更加完善的招商引资政策、更加人性化的服务体系推进 M 市的经济发展，同时也将携手兄弟城市共同奋进，促进全省经济大踏步地发展。

　　最后，预祝本次大会圆满举行，祝愿各位的 M 之行一帆风顺，祝愿 H 省的明天更加辉煌灿烂。

范例解读

第三季度经济形势分析会议圆满结束，忙碌了几天的老李终于能坐下来歇口气了。

他正回顾整个会议，几位年轻科员走了进来。

老李明白他们的来意，招呼几人在沙发坐下后，将之前收到的几份稿子递了过去："你们写的稿子都在这里，至于我为什么选择了小王的稿子，你们对比下就一目了然。"

几人将稿子全部通读之后，便感到了差距。和小王的稿子相比，其他稿子写得更像开幕词，而非欢迎词。小丁悄悄地将两类稿件的区别记录下来，以免再出现同样的错误。

开幕词的称呼较直接，例如"朋友们""同志们""各位代表"等。欢迎词的称呼要带些感情色彩，让来访者感到尊重和重视，称呼可因来访者的身份和场合决定。

开幕词是领导在会议开幕时发表的重要讲话，其内容通常围绕会议主题展开。欢迎词是仅以举办方的身份对参会者的来访发表的热情洋溢的讲话，讲话内容不涉及会议详细内容。

开幕词需要向与会者阐明会议的主题、宗旨、流程、实现的价值及对与会者的要求，是对与会者参与会议的引导。欢迎词是欢迎来宾的到来，文章可提及双方共同关注的话题，文末可以表达对保持未来良好关系的愿望。

写作技巧

1. 欢迎词的用语应有鲜明的针对性

欢迎词多用于各种对外社交活动中，来访者的身份、背景、缘由、目的均不相同，欢迎词的话术也应有所改变。部分写作者认为欢迎场景千篇一律，欢迎词的撰写可以套用固定模式，这样的做法忽视了欢迎词的重要性。实际上，没有真情实感的欢迎词，反而会让与会者感到举办方的不真诚，无法达到促进双方情感提升的目的。

2. 依场合决定欢迎词的态度

欢迎词的使用场合非常广泛，会议形式也是多种多样。因此，欢迎词的语气表达方式，要根据环境的变化而有所调整。

写作者尤其应注意，欢迎词稿件是领导讲话的依据，尽量不要临时更改。在撰稿时，写作者就要充分考虑环境因素，要让领导的欢迎词能得体、轻松地表达，同时不失分寸，做到热情但不谦卑。

3. 欢迎词的倾向应求同存异

欢迎词的主要用意是欢迎和感谢来宾的到来，讲话内容可以涵盖双方感兴趣的话题，同时也应回避双方存在分歧的话题。

尤其在企事业单位等社会组织的欢迎词写作中，部分写作者经常错误地将此机会当成宣传良机，向来宾大谈特谈自身优势而导致忽略了来宾的感受。虽然欢迎词有必要展示举办方的优势，但其整体态度应谦逊有礼，内容要适可而止。

第三节　主　持　词

会议主持词，指的是在召开会议时，会议主持人带有引导性的讲话，主持词起到指挥的作用，用以保证会议顺利进行。

应用场景

H 街道即将迎来区委第二巡察组的巡察，按照要求，需要召开动员大会，大会由街道党工委书记主持。街道党群办小吴要写一篇主持词，时间紧迫，小吴赶紧根据会议议程写了一篇，党群办老李看了一眼，说："整篇主持词在内容上没什么问题，但是在领导讲话的议程之后，还需要对领导的讲话内容做简短的评价，不能就直接到下一个议程了。我来修改一下吧。"

写作范例

动员大会主持词

同志们：

根据区委巡察工作领导小组的安排，从 × 月 × 日起，区委第二巡察组进驻 H 街道，对街道党工委及 × 个村开展巡察工作，充分体现了区委第二巡察组对街道工作的高度重视，以及对街道领导班子和干部队伍的关心爱护，必将对街道党工委进一步强化党的领导、加强党的建设、落实全面从严治党主体责任起到重要推动和促进作用。首先我介绍一下参加此次巡察动员会的领导：……

让我们以热烈的掌声对各位领导的到来表示欢迎！今天参加动员大会的有街道党工委领导班子成员、各部门负责人、各村两委班子全体成员及企业代表。

今天会议有 × 项议程，分别是：1.……2.……3.……4.……5.……

下面会议依次进行，首先，……

刚才 ×× 深刻阐述了开展巡察工作的重要意义，详细介绍了巡察工作的内容、方式及相关情况，并提出了明确要求，请大家深刻领会，抓好贯彻落实。

会议进行第二项议程……

会议进行第三项议程……

会议进行第四项议程……

会议进行第五项议程……

刚才××同志从××个方面阐述了……我们要从以下几方面做到……

今天的会议到此结束，散会。

范例解读

经过修改，主持词终于定稿，小吴看着修改完的主持词，感叹道："我以为主持会议就是简单地说几句议程，没想到包含这么多的内容。"

老李舒展了一下身体，笑着说："那可不，议程中如果有领导讲话，主持人都要在讲话结束，进行适当的评价，不会直接就到下一个议程。这也是为了强调重点，引起大家的注意。"

小吴说："确实是，之前是我想得太简单了。"

老李说："另外，你原来写的主持词开头内容写得太多了，开会的目的和意义简单介绍下就可以，重点在后面。"

小吴点点头，又认真地学习了一下主任修改的主持词，记下笔记：

主持词的主体结构一般分为开头部分、中间部分、结尾部分。

（1）开头部分。主要介绍会议召开的背景、任务和目的，说明会议的必要性。一般首先说明会议的背景和主题，接着介绍参会的领导和人员，最后介绍整个会议的议程内容，使与会者对整个会议有一个全面、总体的了解。

（2）中间部分。用最简练的语言，按照会议的安排，依次介绍会议的每项议程。在比较重要的内容进行完之后，主持人要作几句简短的、恰当的评价，以引起与会人员的重视。

（3）结尾部分。对整个会议进行总结，并对如何贯彻落实会议精神提出要求，作出部署。

写作技巧

主持词的作用主要是保证会议内容的顺利进行。在拟主持词之前，要先了解清楚会议的具体议程，参会领导名单及人员名单，并了解会议的背景和目的。这样才能保证会议顺利进行。

主持词的开头部分，要尽量简明扼要。第一次写主持词的写作者很容易开头写很大的篇幅，将会议的背景、主题、重要性写得太多，实际会议中，开场白只需要简单介绍会议的背景和目的，几句话即可。重点要放在后面的参会领导介绍和会议议程介绍。

主持词中间部分写作较为简单，只要过渡自然、顺畅，能够使整个会议连为一体就行了。

第四节　会议报告

领导者在会议上对工作情况、目前形势以及存在问题进行介绍、分析、总结并且发表指导性意见的讲话稿，被称为会议报告。

应用场景

××公司每年年初都会向股东大会作出工作报告，由总经理发言。在 2022 年新年之际，按照惯例，总经理要围绕过去一年的工作对股东大会进行汇报。写会议报告发言稿的任务，落到了新来的秘书小张身上。

小张没有写过这类报告，满头大汗地向公司笔杆子老李请教。

"李老师，写会议报告我不会啊，这会议报告我要怎么写啊？"

老李则不慌不忙："很简单，会议报告的本质在于说话。让总经理以讲话的方式向听众表达他想说明的问题，所以平时咱们写公文那套文绉绉的写法肯定是不行的。"

"哦哦，这次的听众是股东大会，所以我的口吻最好庄严肃穆一些。"

老李赞扬地点头："没错，如果是面向工作人员进行工作汇报，那么就要更加亲切一些。接下来，你要注意的就是具体讲话内容。通常这类会议有两部分，我们去年做了什么，我们今年有什么打算，这些和工作有关的内容你应该向相关部门请教。记住，会议报告也是要按照逻辑去写的，不能想到什么写什么。"

写作范例

总经理办公会议报告
——2022年1月20日在××集团第十二届股东大会

总经理　胡××

各位股东：

现在，我代表××集团全体员工，向股东大会报告工作，并请各位股东和其他列席人员提出意见。

本年度工作回顾：

过去一年，我们坚持稳中求进，紧扣"强富美高"总目标，胜利完成今年度目标任务……

过去一年，我们坚定推进产业扩大，综合实力又上一层，企业生产总值由20××年的1 379.4亿元增至2 082.2亿元……

过去一年，我们全面深化改革，有效释放经济活力，与多家企业建立战略合作，合作规模超3 000万元……

过去一年，我们注重绿色生态引领，做好企业社会责任，实施重点整治……

过去一年，我们持续增进民生福祉，努力为社会公益事业做出自己的贡献，公益支出规模达 5 亿元……

2022 年企业重点工作：

2022 年是新工作的起步之年，做好今年各项工作，具有特殊重要意义，公司全体成员会拿出"勇争先、创一流"的壮志……

重点抓好以下八个方面工作：

一、在主动应对风险挑战中稳定经济增长

二、在深化数字创新……

（后略）

各位股东！蓝图已然绘就，未来持续可期，我们将会以"实干为要"的精神抓紧落实工作。在党中央的领导下，在各位股东的期许下，牢记重托、奋发进取，为企业新建设而不懈奋斗……

范例解读

老李看着小张新交上来的演讲稿，额头微皱，"小张啊，你这个稿子，有优点也有缺点。"

"李老师，您说，我记着。"小张认真地记着笔记。

"首先，会议报告的本质仍旧是讲话稿类的公文，并不是完全的文字版公文。文字版本的公文你已经很熟悉啦，严肃又理性地分析问题即可。但演讲类除了分析问题，也需要带有一定的感情和鼓舞性。你想，一个好的演讲你听完了，是不是热血沸腾？是不是高度同意演讲人的观点？如果光是摆事实讲道理，篇幅又比较长，会让人昏昏欲睡的。"

小张拍了拍脑门，"您说得对呀！"

老李笑了笑："不过优点也是有的，你是文字类公文写多了，这个稿件当中的观点，都有充分的数据支撑。你想，好的讲话稿，如果只有鼓舞性文字而缺少数据的支撑，其可信度也会大大降低。"

小张若有所思："我知道要怎么改啦，你看看我现在总结的笔记。"

会议报告需要有一个鲜明的主题，突出重点，有翔实数据，用准确的数据表明问题。

会议报告有听众，要使听众把握报告的要领，报告本身需要有吸引、感染、鼓舞的作用。

写作技巧

1. 会议报告的内容要有意义

会议报告具有述评性和指导性。在会议报告中，一般会阐述之前做了什么，取得了什么样的成果，明确未来的目标，或者针对某一事项阐述自己的主张和看法。这类具有评述性和指导性的报告所汇报的主体需要有意义，否则难以抓住听众。

2. 会议报告的格式

会议报告由开头、主体和结尾三部分构成。

以工作性会议报告举例。

（1）开头。概述前一阶段的工作完成情况，包括对工作的整体评价，为后续的报告主体内容定好基调。

（2）主体。主体的写作可以以不同方式进行排序，可以是时间顺序，内容结构顺序，也可以按照问题进行排序。主体的写作需要做到重点突出，讲具有代表性的内容。例如在工作会议报告中，重点是学到的经验，而不是过去犯了什么错误。

（3）结尾。结尾部分可对全文进行总结，得出结论。对工作性质较弱的报告会议，结尾可以发出号召，或者是对听众表示感谢，这一部分的处理只要合理即可。

3. 注意语言特点

在写会议报告时，需要根据会议性质、报告者的身份、听众的身份合理灵活地选择报告的语言特点。需要注意的是，根据听众身份不同，可以营造不同气氛，但内容仍旧需要符合领导讲话的一贯风格。

第五节　会议讲话

公文意义上的会议讲话，特指党政机关、社会团体、企事业单位的领导者在会议上对某项工作、某类问题作出的指导性讲话。

应用场景

某企业组织学习了主管部门领导关于如何做好企业党建活动的会议讲话。

在集体学习、交流讨论之后，该企业的职工小 A 和小 B 私下里也展开了交流。

小 A："这次领导的讲话，对党建工作提出了很多高标准的要求，消化起来需要一些时间，特别是我俩，在党支部中都担任委员，更要认真领会掌握会议讲话的精神和指示要求。"

小 B："的确。除了领会讲话精神以外，我还特别注意到这次领导的会议讲话在风格上跟以前有很大区别。以前的很多会议讲话，给人刻板的感觉，好像是在照本宣科一样，但这次的讲话个人风格非常突出，讲话内容既幽默也不失严肃，让人在不知不觉中就代入到讲话的环境中，给我留下了非常深刻的印象。"

小 A："领导要作某项指示，或者解决某类问题，很多时候都会通过召开会议的方式来解决，而领导在会议上的讲话就成了解决问题的具体依据，所以会议讲话是很重要的事情。"

小 B："不同的领导有不同的风格和思路，讲话的风格也会不一样，有的领导风趣幽默，有的领导严肃认真。学习不同领导在不同场合的会议讲话，对于我们干工作有很多的帮助。"

写作范例

在安全生产会议上的讲话

李 ××

各分公司负责人、各部门主管、全体职工：

安全生产一直是我们集团公司的生命线，也是本次会议的核心内容和重点研究的专题。集团公司职工代表大会通过了《关于进一步加强安全生产工作的决定》，下面我就该《决定》的贯彻实施提几点要求：

一、制定《决定》的必要性

做好安全生产工作，是集团公司保持持续快速稳定发展的必要保障，是集团公司具有国际竞争力的重要战略支撑，是维护全体职工根本利益的基本要求。

……

二、《决定》的主要内容

《决定》共有三大部分。

第一部分，提高认识，切实把安全生产工作摆在首位。这部分共有四条，包括指导思想、主要目标、责任制和管理机制。

第二部分，夯实基础，加强安全生产工作管理。

……

第三部分，突出重点，有效防范重大安全生产责任事故。

……

三、《决定》的贯彻落实

贯彻落实《决定》，要做实、做细、做严。

……

全体职工，在集团公司发展的关键时期，做好安全生产工作的任务艰巨而又繁重。希望集团公司的全体职工能够认清形势、明确责任，切实按照《决定》的各项要求部署实施，为集团公司的建设和发展提供应有的保障。

谢谢大家！

范例解读

会议讲话与演讲在某些方面具有共通点，但两者的写作方式有着很大的区别。通过比较两者之间的异同，可以了解会议讲话的基本特点。

1. 相同点

两者都是面对一定数量的听众而作出的，且都带有鼓舞性。写作风格受撰文者影响较大，文风上不作固定要求。目的都是为了引导听众按照撰文者的要求去完成某项工作、解决某项问题。两者都是实践性活动，对演讲者（讲话人）的临场发挥效果要求较高。

2. 区别

两者的区别如下表所示。

项　　目	演　　讲	会议讲话
撰文者身份	没有特定要求，任何人都可以成为演讲者	多是党政机关、人民团体、企事业单位等组织的领导
受文者身份	没有特定要求	党政机关、人民团体、企事业单位等组织的职工或下级单位
强制力	内容没有强制力，靠摆事实、讲道理和情绪去感染听众。	领导对于具体工作作原则性或者具体性地指导，下级机关、下属需要按照讲话内容去落实

续上表

项　　目	演　　讲	会议讲话
适用范围	演讲由演讲者现场表达，较少适用于会议等正式场合	用于各种大小会议，也可在报纸刊印成各种"书面发言"

写作技巧

会议讲话不同于单纯的"讲话"，它是在特点场合下带有某种特定目的的特殊"讲话"，为达成目的，写作者不能将会议讲话理解成机械式的写稿读稿。

为了完成一篇出色的会议讲话，写作者应从以下几点着手。

1. 明确会议讲话的目的

明确目的之后，也就确定了会议讲话的中心内容。一般情况下，一个会议讲话主要解决一个问题，不能贪多求全而忽略了会议的宗旨。如果会议讲话漫无目的，导致想到哪儿、讲到哪儿，参会人员就无法捕捉到会议的具体要求，也就无法去落地实施。

2. 注意使用通俗化表达方式

会议讲话与公报等需对外正式公布的公文不同，会议讲话需要照顾听众的接受程度，使用通俗化、口语化的表达方式，拉近讲话人与听众之间的距离感，使听众能更好地理解讲话所要表达的内容、提出的要求。

当然，通俗化不同于平庸。写作者适当引经据典，或运用比喻、夸张等修辞手法，亦是会议讲话的必需。

3. 善于调动受文者的情绪

会议讲话通常带有很强的鼓舞性，目的是宣传教育干部群众，统一集体认识，调动工作积极性，所以，会议讲话的内容要重在以理服人、以事感人、以情动人。

4. 重视临场表达的效果

会议讲话是"讲"出来的，讲话人应根据不同的会议场合、不同的与会人员等因素，及时调整内容的表达方式、结构形式和语言风格，使与会人员能充分理解并认同讲话主旨。

第六节　讨论发言

针对某一专题或议题进行观点表达和立场阐述，被称为讨论发言。讨论发言有两种形式，一种是针对某一议题进行开题介绍，另一种为针对某一在议话题进行的回复。

应用场景

在 × 县的党代会上，各参会人员都要对党建工作提出建议和意见。A 区代表的发言在下午，助手小刘需要围绕区代表的具体意见，撰写下午的讨论发言稿。关于发言稿的主体内容，区代表已经审阅统一，但针对小刘的开头部分，区代表认为还是没有充分照顾到开会的环境。

小刘不明白什么是"开会的环境"，就找到老张进行请教。

老张看完小刘的发言稿，很快意识到问题出在哪里。"小刘啊，你的文章确实写得好，文笔严谨，发言有力，做一个普通的演讲稿是肯定没有问题的。"

小刘虚心请教："那问题出在哪里呢？"

老张哈哈大笑："讨论发言，也是说话的艺术，除了表明意见和想法，也还是要考虑到环境。你看，你这个稿件的口吻，好像就是区代表的专场，但实际上显然不是嘛。党代会除了代表们之外，也有其他列席参会人员，还有发言者的领导，代表发言时，多少应该和他们的想法交相呼应一下。"

小刘恍然大悟。

老张非常满意："你写完我再看看呀。"

写作范例

各位代表：

大家下午好。

在上午的会议中，我们共同听取了县委杨书记的工作报告，杨书记的报告客观总结了过去四年来区委所做的主要工作，同时也指出了我们在工作中的不足和问题。我在认真分析今后五年工作的形势后，根据新形势和新挑战制定了今后我区发展的总体思路和发展方向，也对未来五年的工作提出了切实可行的具体措施。下面，我就杨书记所作的报告谈几点自己的想法，与代表们共同交流讨论。

一、思想清晰，目标明确

…………

二、中心明确，措施得力

…………

五、几点建议

就报告上所提出的规划，我提四点建议……

在最后，我呼吁……

以上就是我的发言内容，希望各位领导和同志可以参考和讨论，给出宝贵的意见。

范例解读

小刘写完稿子，和老张一起探讨心得。

"我发现写这种讨论稿，其内容是先高举旗帜，然后阐述理念，最后表明工作计划或者是建议。"

老张颇有兴味："哦？具体说说？"

小刘继续道："所谓高举旗帜，就是在发言最初部分，要肯定或者强调领导讲话。"

老张点头："确实是这样。不过，发言的核心还是要在自己角度，将自己作为说话的主体，要充分阐述自己的想法和立场，否则通篇就剩下引用、复述了。此外，在提出建议的部分，要务实，能够有实际操作的意义，不能只是纸上谈兵。"

小刘道："嗯，其实引用领导讲话的目的，最终还是要给自己想说的话增强力量。领导此前讲话的部分，能帮助论证发言者观点的，可以精练后再说出来，从而为发言者的表述内容做服务。"

老张听了连连点头，两人都受益颇多。

写作技巧

讨论发言稿的应用范围非常广泛，包括了正式会议进行的任何议题讨论发言，而不仅限于党政机关会议。例如，企业针对业务或者生产情况召开的会议，学校围绕教学计划执行进展的讨论会议等，都可以应用该文体。

1. 讨论发言稿核心在观点本身

观点的高度决定了发言稿的质量。写作者在撰写发言稿时，应将"有感而发、有话要讲"作为原则。

在讨论场合表述套话，就会使听众失去注意力。因此，发言稿的内容要有重点，不可泛泛而谈，要保持内容精简。如果要推进工作部署，就重点阐述；若对某一话题理念有独到的见解，则着重讲述理念。此外，在结尾部分通常会表明决心或者发出号召。

2. 发言稿内容精练为佳

在撰写发言稿时，一些人为彰显自身专业或严谨，会通篇运用官方词汇，或者堆砌大量数据。类似的写作方式往往很难抓住听众。

写作者应让语言变得更为精练、形象、生动，使听众更容易理解。例如，想要指出党员目前对党史学习程度不够，不需要去列举考试成绩的具体分数值，直接说明成绩不佳的人数占比即可。使用最精练的内容，去直接表达最准确的含义，是发言稿的核心。

3. 写发言时需要注意发言人的顺序

第一个发言的人只需将讨论议题说清楚即可。中间的发言人出于礼仪，最好对之前发言人的观点提出自己的想法。最后发言的人，还需要加入结束词，例如"大家今天的讨论很成功，各位提出了许多宝贵的意见"等。

4. 会议发言万能公式

某些情况下，会议发言稿往往要在短时间内写作。为此，写作者可以参考会议发言的"万能公式"：现象、原因、本质、建议和结果。

首先，描述会议讨论议题产生的现象有哪些，列举产生现象的可能原因。随后，指出通过研究或者调查，在各种可能导致现象发生的众多原因中，已经找到核心原因，正是这些原因，体现出了问题的本质。再次，基于目前的状况，提出建设性意见并作出说明。最后，告诉参会人员，如果按照自己的建议方案去执行，将会达到什么样的效果。

例如，某次群众健身活动有关的会议，讨论主题为目前社会上部分人出现的肥胖问题。发言者由于某种原因临时参加，并未写作成熟稿件，他按照万能公式做出如下发言，赢得好评：

首先，近期身边肥胖人数有所增加，其原因集中在人们忙于工作，没有时间运动，且工作压力导致强迫性进食，本质原因在于过强的工作强度。

随后，基于目前情况，建议企业加强对员工岗位工作任务的合理分配，积极组织员工的工间操等活动，保持员工身体健康，最终也保护了企业的人力资源。

第七节　欢　送　词

欢送词指个人或者单位在参加会议、活动或者访问结束时，在欢送来宾等场合的致辞。

根据内容的不同，欢送词可以分为现场演讲欢送词、书面发表欢送词；根据表达场合的不同，可以分为私人欢送词和公共往来欢送词。

应用场景

某企业办公室负责企业会务活动组织和重要宾客招待。最近，办公室主任要求文员老王，尽快给部门的两位新员工进行培训，教会他们常用公文写作。

目前公司正在进行体制改革，为解决在改革中的诸多问题，公司领导特地向本省发改委提出请求，希望得到改制专家的指导和帮助。专家团来这里工作了一个多月，三天后就是专家们的欢送会。老王建议，就将本次的欢送词交给新员工们，让他们各写一份。然后自己再对上交材料进行点评修改，用作培训指导。

写作范例

欢 送 词

尊敬的各位改制专家和技术顾问:

首先，我代表本企业以及全部工作人员，对各位专家的指导和帮助表达诚挚的感谢。相处的时间多么短暂，明天你们就要离开我们企业。在本次的欢送会上，请允许我代表我司全体员工，向你们表达深深的不舍之情。

大家相处时间仅一月有余，但在这短暂的时间里，我们已经建立了深厚的友谊。你们对我们企业的帮助有目共睹，没有你们的辛勤工作，对各个车间认真仔细地走访，倾听每一位员工在改制中遇到的问题和感受，改制方案不能如此快速地落地……

我们在未来有充分的信心依照我们共同制定的方案进行改制，即使未来再遇到新的挑战，在你们的帮助下，我们也能够渡过难关。

亲爱的朋友们，来日方长，后会有期。欢迎各位专家在企业改制完成后再来参观，看看我们共同努力的结果……

最后，我们再次表达对你们的不舍和敬意，祝我们有天长地久的美好友情，祝你们在未来的工作生活中美满顺利!

祝大家一路顺风!

××企业总经理:×××

2022 年 1 月 1 日

范例解读

老王拿到了新员工们的"作业"，先表示肯定:"大家欢送词的格式基本都是对的，很不错。"

老王说："格式其实非常简单，就是标题加称谓、正文、结尾。标题可以是活动内容加上文种名称，例如运动会闭幕式讲话，也可以直接用'欢送词'本身作为标题。"

老王继续说："有人写得太过于空泛了。例如小张写的，全篇都是表示如何舍不得的情感，其实，我们完全可以写一写专家团给我们提供了哪些帮助，我们双方在见面过程中都有哪些共识，取得了哪些成果等。"

小王赞同："是的，欢送词其实不一定只能落脚在'欢送'，我们相处时候发生的事情，其实也可以作为全文的重点。"

小张说："是呀，欢送这个主题在开头和结尾提一下就好了，不然内容太空洞了。"

两人把发现的问题一一记录下来。

写作技巧

1. 欢送会应用场景

欢送词作为常见的演讲稿类文体，应用场景非常广泛。例如老领导退休、访问团队的离开、学姐学长毕业，甚至导游送走一批游客，都会用到欢送词。除了上文提到的情感类欢送词，也有具体事项类的欢送词。

例如，开头部分表明欢送会的意义和初衷，可以是依依惜别，可以是感恩相遇，也可以是对过去受到帮助的感谢。其核心在于讲清为什么会有这样一场欢送活动。

在中间部分可以具体介绍本次活动安排了哪些内容，具体的时间和地点以及由什么人负责。

最后，可以对举办活动的意义进行讲述，对双方的未来进行展望和祝福。欢送词的文体可以是多种多样的，可以针对欢送活动的主题和内容进行具体的调整。

2. 欢送词的整体基调

欢送词的整体基调有以下几点。

（1）欢送词需要表达对离别时的感受，需要体现出惜别之情，但也不能过于夸张。欢送词出现的场合通常都较为正式，煽情的话语需要适度。

（2）欢送词应具备口语化的特点，在写作时可以贴近生活，不可书卷味过重。

（3）作为礼节性的讲话公文，欢送词的整体篇幅不宜过长，短小精练地表达对离别方的尊重和友善即可。

（4）对有意见分歧的来宾进行欢送词撰写时，应注意突出双方的共同点，淡化方双的矛盾。

3. 修辞手法

欢送词与其他报告类文体不同，可以运用一定的文学手法，适量加入修辞方式。

（1）比喻。比喻是非常常见的修辞手法，即抓住不同事物的相同点，用一事物比喻另一事物。例如，"你我的友谊如山川，连绵不绝"属于明喻，句式中出现明确的比喻词，利用"像、似、仿佛、犹如"等进行联结。

有明喻就有暗喻，不出现明确的比喻词。例如，"你我的友谊，就是鱼和水，难以分割"属于暗喻。

（2）排比。排比由三个或三个以上结构相同或相似，内容相关、语气一致的短语或句子组合而成，用于加强语势和内容，加重感情。

（3）夸张。夸张指对原事物的某一特点进行合理地夸大或者缩小。例如"飞流直下三千尺，疑似银河落九天"就使用了夸张的写作手法。前文中"你我的友谊，就是鱼和水，难以分割"同时使用了比喻和夸张的修辞手法。

在欢送词中也常用感叹时光匆匆的词句，例如"白驹过隙""春去秋来""日月不居""珠流璧转"等，写作者可以在日常注重积累，写作时方可运用自如。

第八节　答　谢　词

答谢词，是党政机关、企业单位、社会团体等组织的领导，为感谢作出贡献的组织或个人而发表的讲话，也可以是领导在特定的公共场合内，以嘉宾身份对主人的热情款待表示感谢的讲话。

应用场景

A市H区一直坚持以"科技推动创新，创新驱动发展"的理念带动区域的经济发展，以极具吸引力的招商引资政策吸引了一大批优质企业前来落户投资。经过两年的不懈努力，H区的经济增长速度已远超本市其他区，经济生产总额已实现倍速增长。

年终将至，H区政府为感谢区百强企业为经济发展作出的突出贡献，也为了与百强企业进行友好交流，促进片区企业服务机制的完善，决定举办百强企业恳谈答谢会。

早上八点刚到，区办公室老张将刚分配进区政府办公室的小李叫了过来："小李，明天将举办百强企业答谢会，你来写篇区长在答谢会上的答谢词。"

小李问了问答谢会的详细情况后，便开始撰写稿件。

下午刚上班，小李便拿着稿件过来："我写了三份稿件，您看下哪份合适。"

老张粗略看了后说:"不错,精神可嘉,我从中选一份比较合适的稿件,但仍有小错误需要修改。"

📚 **写作范例**

答 谢 词

尊敬的各位企业家朋友:

大家好!首先感谢各位在百忙之中抽时间来参加今天的答谢会,我代表区委、区政府向各位的到来表示诚挚的感谢!今年H区被市委、市政府命名为"科技创新示范区",被科技部命名为"国家科技创新试点城区"。这一切荣誉与在座各位的辛苦付出密不可分,再一次向诸位表示感谢。

H区今年经济呈现平衡健康,稳步发展的态势,具体表现为:财政收入增长率高、主体产业发展势头好、固定资产投资增长速度快,招商引资形势大好。

…………

H区未来还将具有更加广阔的发展空间,更加多元化的发展机遇,更加完善周到的企业服务机制。希望各位企业继续扎根H区,为H区的经济腾飞和企业发展作出更大的贡献。让我们共同携手创造H区更加辉煌灿烂的明天。

在此衷心祝愿各位企业家朋友事业兴旺、阖家幸福!

📚 **范例解读**

答谢会圆满结束。第二天刚上班,小李便来到老张的办公室:"昨天区长的讲话很有感染力,但完全不像是我写的稿。"

老张笑笑说:"你将答谢词与感谢信搞混了,两者虽然都是感谢对方的意思，但最本质的区别是表达形式不同。答谢词比较口语化，感谢信比较正式。"

小李总结了答谢词的特点。

（1）答谢词是为口语表达服务，需要明确的答谢对象和口语化的表达方式，重点强调以言道谢。

（2）答谢词需要体现出对方的优点，并对对方的行为和贡献大加肯定，表现出强烈希望进一步促进双方关系发展的意愿。

（3）答谢词要有真挚的情感表达，评价要适度真实。答谢词是与被答谢者直接交流，注意与被答谢方的互动交流，要让被答谢者感觉到被尊重。

写作技巧

1. 情感表达要真挚

答谢词的情感表达要真实，让被答谢者感觉到答谢者发自肺腑的情绪。部分公文写作者为了增强答谢内容的"力度"，用过于官方的词语，进行感情渲染，反而导致对方并不容易感受到真诚的谢意。

2. 答谢要适度中肯

答谢词是为了感谢对方具体行为而进行的表达，但不能因此就过分夸大乃至恭维对方。写作者应对被答谢方的行为贡献加以描述，再给予适度中肯的评价，既不刻意夸大，也不视而不见，要让对方觉得坦诚、客观、礼貌。

尤其是在撰写重要答谢词时，写作者应提前开展基础调查工作，才能对值得答谢的事件和行为进行准确表达。

3. 答谢的对象要明确

答谢词具有明确的指向性，故此言语的选择、描述的方式，也要有极强的针对性，不能填充"假大空"的内容。初学公文写作者应尤其要注意这一点，避免将答谢词变成套话，盲目套用相同的格式，引用相同的话术，这是很不可取的写作方式。

第九节　闭　幕　词

闭幕词，是重要会议或重要活动临近闭幕时，由会议举办方主要领导在闭幕式上发表的讲话。

应用场景

为期一周的"科技创新 创想未来"第十届创新创业大赛，近日即将落下帷幕，本次活动由 S 省科技厅主办，吸引了来自海内外 7 000 多个团队和企业参与，最终有 60 多个项目分别获得一、二、三等奖。

科技厅刘干事正紧锣密鼓地安排创新创业大赛的闭幕式，闭幕仪式上，省科技厅领导将为此次活动宣讲闭幕词。闭幕词应该交由谁来撰写，如何为创新创业大赛画上圆满的句号，刘干事决定找办公室老王商量。

老王建议找位新公务员来写闭幕词，请秘书老余审核定稿。

两个小时后小梁便拿着闭幕词来找余秘书。余秘书拿到稿件并没有看，先问小梁："你认为撰写闭幕词的要点是什么？"

小梁想想说道："语言简洁有力度，充满激情与热情。闭幕词对会议核心内容的讲述清晰明了，同时重点重申会议的基本精神和创办宗旨，号召大家明年继续参赛。"

余秘书笑笑道："你说得没错。不过对会议核心内容的描述，要更多强调此次会议的成果和深远影响。并不是每个参赛者都获得了名次，我们就是要让与会者在闭幕式上清楚，自己通过参赛，得到了什么收获，分享了什么资源。只有参赛者真正理解了这次活动的意义，才能保证他们下次参加类似活动的充沛热情。"

小梁点点头："嗯，知道了，我现在就去修改。"

小梁请刘干事提供了本次大赛的详细数据，详细研读之后着手重新撰写闭幕词。

余秘书仔细看完稿件，肯定地说："这次写得不错，我稍微修改下就提交。"

写作范例

第十届"科技创新　创想未来"创新创业大赛闭幕词

各位领导、各位来宾、各位选手、同志们：

由省科技厅主办的为期一周的第十届"科技创新 创想未来"创新创业大赛即将落下帷幕。本届大赛共吸引了海内外7 000多个团队和企业报名参赛，较上年增长了35%，参赛人数和参赛项目均创造历届新高。

本次大赛共有60多个项目分别获得一、二、三等奖，获奖项目均会得到××城市银行提供的共计××亿元的科技贷款，和省高投等创投机构提供的共计××亿元投资款。获奖项目若有落地S省的意愿，S政府也将提供优厚的招商引资待遇……创新创业大赛历经十年的发展，交出了骄人的成绩单。

十年来，大赛坚持"政府指导、市场机制、多方协助、项目落地"的总方针不变……

过去的十年代表了大赛辉煌的昨天，我们将以十年为一个全新的起点，继续为广大创新创业者提供服务更优、水平更高的创新项目孵化平台，继续用科技和智慧书写大赛精彩的明天和高科技创新崭新的篇章。

现在我宣布，第十届"科技创新 创想未来"创新创业大赛圆满闭幕。

范例解读

余秘书走进小梁的办公室，发觉小梁正在阅读公文写作类的图书。

余秘书笑笑道："怎么？正在学习啊。"

小梁站起身为余秘书端上水杯，请他坐下，然后说："余老师，通过这次写闭幕词，我发现公文写作有很大学问，必须得深入学习。"

余秘书再问道："那现在有什么收获？"

小梁回答道："我先重点学习了闭幕词的撰写，也将闭幕词和开幕词的写作进行了对比，这是我的笔记。"

小梁的笔记本上，工整地记录着以下内容。

（1）开幕词是奠定会议的基调，闭幕词是总结会议的成果。

（2）开幕词的主体要将会议的筹备情况、会议人员构成、会议的流程安排等内容，向与会者详细介绍，如有重要领导或特邀嘉宾，需要重点介绍；闭幕词的主体内容要对会议总结和评价，让与会者感受会议的成果和精神，对未来提出展望，并告知与会者会议圆满闭幕。

（3）开幕词的结尾都是祝愿、祈祷之类的话语；闭幕式宣布会议闭幕之余，可以增加一些展望前景的话语。

（4）开幕词的语气表达要庄重，彰显会议隆重的氛围；闭幕式的语气要慷慨激昂，给与会者以奋进和激励。

写作技巧

1. 言语简洁流畅，富有感染力

闭幕词应对会议或活动获得的成果、共识进行归纳性的总结，语言要具有号召力和感染力，能给与会者以激励和力量。

一些写作者在写闭幕词时，对活动内容不知道该如何取舍，习惯将会议的全部内容堆积，致使与会者捕捉不到会议的重点信息，更达不到闭幕词所应具备的激励和鼓舞的作用。

在改变这一习惯时，写作者应从广泛阅读各类活动资料开始，保证能在最短时间内透彻理解常见会议、活动的主旨思想，从众多信息中提取最能体现会议精神或者活动成果的部分。当然，如果时间来不及，写作者也可以向会议主办方的主要负责人"求助"，了解他们最希望突出的关键点和核心内容。

2. 篇幅适度不拖沓

闭幕词是对会议、活动的总结和评估，需要充分表达出会议或活动的精神或成果。写作者应突出重点内容和核心思想，同时也切忌长篇大论。

在写作闭幕词时，不必追求面面俱到，这不仅造成闭幕词的篇幅过长，也会导致闭幕词重点模糊。

3. 呈现口语化特点

闭幕词是领导在会议或者活动闭幕仪式上的讲话，领导读出时需要朗朗上口，通俗易懂，生动活泼。

写作时，切忌刻意卖弄个人文采，为文章添加拗口生僻的词语或句子，或过多堆砌典故，更应慎重运用网络段子，避免造成讲话者出错，听者难以理解的境况。

第十节　提　　案

提案指提请会议讨论所提交建议的文件，其写作主体为个人。提案是政协委员以个人或集体形式，向政协全体会议以及常委会提出的书面意见及建议。

应用场景

　　A县在举行会议，各政协委员以及参会单位针对人民群众关心问题提交提案，经审查立案后交由县委以及县政府各个承办单位。政协委员老王和其助理小马希望可以针对县里大力发展油茶产业提出提案。

　　老王深知农民生活不易，希望可以对增加农民收入提出自己的见解。老王对小马感叹道："小马啊，提案可是反映社情民意的重要方式，老百姓想要反映问题，让党政府看到咱们老百姓的诉求和难处，提案功不可没。"

　　小马似懂非懂，说道："王哥，这提案怎么还要手写啊。"

　　"那当然，为了体现提案的严肃性，提案需在提案委员会统一印发的纸上进行书写。书写时如果字迹潦草，既会导致字迹难以辨认，影响办理时效，也不符合提案存档的要求，被质疑对提案的重视程度。"

　　小马还是有点犯难："那我们有好多个问题呢，一定要写好几份吗？"

　　老王说："提案需要一事一案，如果一案多事，会导致案情难以呈现清楚，也会导致承办单位之间有推诿的空间，难以实际处理。想要为老百姓办事，可不能偷懒。"

　　说完，老王和小马都投入了工作当中。

写作范例

　　提案号：27

　　案由：发展油茶产业　增加农民收入

　　提案人：老王

　　内容：油茶在中国有悠久的历史，是中国特有的优良树种。油茶与油橄榄、油棕、椰子并列为世界四大木本油料植物。在××年全国油茶产业发展会议中，×××就曾提出要加快油茶行业的发展进程，推进山区开发，加快社会主义新农村建设，帮助农民增收致富。我县作为中国油茶第二县，在20世纪50年代起就是誉满全国的"江南油库"。90年代后，我县油茶产量逐年下降，油茶种植农民也逐年减少，乡民收入也直线下滑，我县经济情况走向萧条。

一、我县油茶资源现状分析

根据县农林资源统计结果显示，我县现有油茶种植面积……

二、我县油茶产业主要存在问题

…………

三、关于我县油茶产业发展的思考和建议

…………

范例解读

小马将提案写完后交给老王，老王看着提案深深皱起了眉头。

"小马，你这次写的提案基本格式是对的，包括案由，提案者和正文三大版块构成。正文这部分就有些问题了。"老王说："正文就是有什么问题要提，这个问题要怎么分析，分析结束后你给什么建议。但是在分析过程中要有数据和证据支撑，不能凭借感觉去写，人的感觉是很不准的。比方说，油茶田面积减少导致农民收入降低，就可以例证数据统计，油茶田一共降了多少，每年下降增速如何，农民的工资每年平均是多少，现在农民在做什么，收入来源有哪些，都要具体列举具体说明。"

小马惊呼："哎呀，这些数据我们走访的时候都有的，我这就去补上。"

小马继续问道："王哥，提案和议案有什么不一样的啊？"

老王回答："这两个可不一样，提案只能是政协委员提出，是民主监督的一种形式，不具备法律效力。议案可就不一样了，议案是由人大代表提出，只要议案通过，就具备法律效力。"

小马摸摸鼻子："哦，那我现在可写不了议案呢。"

回到家，小马又对提案总结了笔记。

（1）提案要做到有情况，有分析，有具体建议。

（2）政协提案是政协委员以及参会单位的一种民主权利，每个提案都由提案委员进行审查、立案和交办，是民主监督的重要体现形式。

（3）提案并不具备法律约束力，但其形式对比法律监督更加灵活与高效。

写作技巧

高质量的提案，既要能概括整体情况，呈现具体问题，又要能给出问题原因的分析，列举针对问题的具体建议。

提案通常需要具备以下四点特点。

1. 反映大事

反映大事是提案的基本点，例如政策的具体执行情况、政府的重点工作任务、社会关注的重大问题都可归类为大事。需要注意的是，只有本地党政职权范围内的提案才能被立案，如果超出本地党政的职权范围，则需要通过上级政协委员对上级政协提出提案，或者形成意见由职能部门进行研究处理。

2. 言之有据

提案是政协委员以及参会单位行使民主权利的重要形式，所呈问题必须在充分调查研究的基础上进行。

提案的写作者在针对某一问题进行叙述时，应列出实地走访的案例事实，或者查询官方渠道的数据对结论进行佐证，如果仅有主观的"认为"，就不具备说服力，更不能引起共鸣，反而会被认为提案所提问题并不值得关注。

3. 案情清楚

清楚的案情是解决问题的前提条件。写作者进行案情描述时，要做到开门见山，语言简洁。一些提案在开头总喜欢加上"帽子"，诸如形势喜人、政策有力等，这类套话性质的语句实际上没有意义。

4. 建议具体

只有提供具体的建议，才更容易使提案被采纳。写作者应针对案情，思考总结具体的解决方法，再付诸文本。需要注意，所提的建议应切实可行，符合现行法律法规，也要符合问题相关主体的实际情况，否则必然难以落实，提案也就失去了意义，甚至可能成为"段子"。

例如，多年前曾有人提出解决春运困难的相关提案，这一提案动机是好的，但其提供的解决方案却难以实现：请当地政府组织返乡农民工包下专用民航航班，让大家直接"飞"回家。这样的提案内容，无论具体写作语句如何，都不太可能进行实际层面的操作，导致提案没有意义。

第十一节　会议记录

在会议进行过程中，对会议进展情况、讨论发言内容、具体商议结果进行的记录，称为会议记录。其中，讨论发言记录部分，又可分为会议摘要与会议全文。

应用场景

为了保持文明城市的荣誉称号，B市管委会针对近期城市内秩序展开会议讨论。管委会李秘书由于近期休假，正在将工作交接给同事小兰。为了了解小兰对工作信息的接收情况，秘书将本次一同参加的城市秩序讨论会会议记录的任务交给小兰。

"小兰，这次会议记录你来写，我看看你写的东西，怎么样?"

小兰连连答应:"李秘书，我跟您确认一下格式。我需要在开头标清楚时间、地点、主持人、出席人、讨论议题和正文，对吗?"

李秘书点头:"是的。第一，我们是做记录，需要尽可能地还原发言人说的话。第二，参会人员会针对议题进行反复发言，所以不需要严格按照时间顺序进行记录。例如市容局王科长说的所有话，都应总结起来放在他名下的发言记录部分，这样就可以了，不必出现多次王科长讲话。第三，咱们领导们这次开会是商讨，并不是正式公开讲话，有些讨论不需要记得非常写实。"

小兰有些糊涂:"我不太明白，不是尽可能地还原吗?"

李秘书则说:"例如，张主任说话比较直白，我们只记录他表达的意思即可。"

小兰恍然大悟:"哦，原来是这样。时间到了，我们一起去开会吧。"

写作范例

时间:2022年4月8日上午10:00

地点:管委会会议室

主持人:李××

出席者:杨××、李××、肖××、陈××、工商局有关科室宣传人员、街道居委会负责人。

列席者:管委会全体干部

记录:小兰

讨论议题:

(1)整顿城市市场秩序的可行方式方法;

(2)制止违章建筑以及维护市容市貌。

正文

会议开始由杨××主任对城市现状进行总结发言。

杨××：在开发区领导的指导下，我区去年在创建文明卫生城市工作中取得了显著成效。然而，近几个月，随着街上摊贩数量的增多，建筑施工单位沿街随意堆放材料，严重影响市容市貌……所以今天邀请各位群策群力，共同研究如何整顿街道秩序，维护市容。

后续各位参会人员针对议题进行了充分地讨论和交流。

肖××：在商家的正常经济活动中，有个别商贩不按照规章制度到指定的区域去进行商业活动，我们面对违规情况处理不够坚决，这是我们的责任……

陈××：对于违规者，我认为教育仍旧应该是我们首先采取的措施。去年我们在创建卫生城市时，市里明确下来了7号文件规定现在建筑承办商不允许随意搭棚子，堆材料，我们应该重申7号文件，对有违规的建筑商进行教育和警告……

李××：……

…………

最终，通过与会人员的讨论协商，会议一致决定：

一、区直部门与街道合作……

二、管委会与城建委……

（后略）

范例解读

小兰拿着刚刚完成的会议记录，有点惴惴不安。她担心自己写成了会议纪要，而不是会议记录。

"李秘书，我好像写错了，我似乎把记录总结得太过，变成纪要了。"

李秘书："我刚刚看了你的记录，没有什么问题呀？会议纪要是第三人称的写法。例如杨 ×× 的发言就会是'在本次会议中，杨 ×× 对城市现状进行了总结发言。杨 ×× 认为去年我市在创建文明卫生城市取得了显著成效。而近期伴随街道摊贩数量的增多以及建筑施工单位违规堆放材料，严重影响市容市貌。'"

小兰恍然："确实，会议纪要是以第三方去进行叙述的，明显感觉到是以汇报总结的口吻，告诉大家这个会议上发生了什么，用词也更加书面。"

李秘书："是呀，你写的是会议记录，用词就是对原话的稍微修饰，基本保留了讨论的原汁原味。小兰，你做得非常好。"

写作技巧

首先，会议记录是党政机关等单位内部存档的文件，不同单位对会议记录有不同的要求。

例如，在上文中，李秘书要求不要过于写实，对于反复的发言需要总结为某一个人的发言。而某些对记录完整性要求较高的单位，则会要求对于会议中出现的插话、打断、争论等真实发生的情况，都要进行详细且真实的记录。因此，会议记录并没有绝对标准的统一写法，会议记录的写作者需要针对自己单位的要求进行灵活调整。

会议时参会人员各抒己见，会议上或许会配备速记员。在条件允许的情况下，建议会议记录人员使用录音设备，以便后续整理以及确保会议内容的完整性和真实性。

其次，为了在会议过程中可以尽可能多地完成会议记录工作，在速记过程中可以使用省略法。例如，在发言人进行发言时，首先记录发言人表达的核心含义，对修饰词、俗语、熟悉的成语等暂时不记录，或者记录一部分，等后续再对内容进行补充。这样做的好处是记录员可以紧紧跟随讨论的逻辑，而不是单纯地记下了几个字，可以帮助记录员把握会议的走向，以免发生误记情况发生。

最后，除了会议记录的基本格式，无论会议记录是"摘要总结式"还是"事无巨细式"，会议记录都应当围绕会议的中心议题。会议当中出现的讨论焦点、各大发言人的主要观点和建议、会议议题的开题和总结性言论、已经充分讨论的议题和悬而未决的事项都是记录人员不可遗漏的重点记录内容。

第十二节 会议纪要

会议纪要，属于下行文，适用于党政机关记录和传达会议精神与会议决策。

应用场景

2022 年 11 月 20 日上午，××市区××电子科技有限公司负责人高×× 在公司总部 1 号会议室主持召开会议，重点研究 2022 年年终绩效考核问题。

会议结束后，助理老王准备着手整理会议纪要，一同参会的总经办新文员小李主动请缨协助整理。

本次会议讨论议题关系重大，会议纪要不得出现任何错误和遗漏，老王不放心地问小李："刚才的会议，你做了详细的记录吗？"

小李马上回答："嗯，您最近工作量太大，我早就想替您分担。"

老王微笑道："那好吧，这次的会议纪要你来写，整理好了先给我看看。"

大概两个小时后，小李拿来会议纪要的草稿，请老王审核。老王边看边修改，下面就是他修改后的定稿。

写作范例

关于公司 2022 年年终绩效考核问题的会议纪要

2022 年 11 月 20 日上午，公司总经理高××在公司总部 1 号会议室主持召开会议，重点研究公司 2022 年年终绩效考核问题，各部门负责人均按时参加会议。现将会议纪要整理如下：

会议指出，经过公司财务汇总统计，2022 年公司已实现经营收入 56.5 亿元，完成全年经营目标的 125%，实现净利润 5.3 亿元，超额完成全年目标。在市场行情不稳定的情况下，公司全体员工团结一心、努力拼搏，从年初开始便采取各种措施为完成全年目标而努力，最终实现了全年业绩的增长。会议对全体员工的努力付出表示认可、肯定以及感谢。

公司年度绩效考核《经营管理方案》和《绩效考核管理制度》明确规定，公司年度绩效的核发与利润挂钩，超额完成任务的部分按利润的比例发放绩效，部分分公司未超额完成任务则年度绩效为零。

…………

会议决定，为更科学的体现员工利益，更完善地核发员工薪酬，拟同意修订《2022 年绩效考核管理制度》，修订工作将在 2022 年 11 月 30 日前完成。修订版绩效考核管理制度将在董事会审批通过后正式实施。

参会人员：××　×××　×××　××

会议整理：王××　李××

××市××电子科技有限公司总经办

2022 年 11 月 20 日

范例解读

第二天，老王问小李："会议纪要提交了，你看了吗？"

小李回答道："看到了，您修改了很多。我以前觉得，会议纪要就是会议记录的删减版。可是我在这份会议纪要上，却看不到这一点。"

老王微笑着说："你这样理解是有些问题的，这两者之间虽然有很多相似之处，但也有着本质的区别。你去找找过往的会议记录和会议纪要，将两者对比学习下就明白怎么写会议纪要了。"

小李经过对比学习，将两者的差异汇总如下。

（1）会议记录是会议情况的真实反映，无论会议规模大小均需要会议记录，且只限于内部查阅；会议纪要是用于传达会议精神、决议的公文，根据会议的需要进行撰写。

（2）会议记录一般按照会议的进展顺序书写，将领导发言、讨论议题进行记录；会议纪要重点表达会议的决定、结果和精神，且要求书写语言精练简洁，文件内容条理清晰，逻辑性强。

（3）会议记录整理完毕后，请领导审核签字归档即可；会议纪要须遵循公文处理流程，包括授权撰写、领导签发、公布许可、文件归档等涉及的所有环节，均需要严格按照相关规定办理。

写作技巧

1. 厘清写作逻辑，大胆进行同类项合并

领导时常在会议中脱稿演讲，想到哪儿讲到哪儿。会议记录相当于会议的实况直播，可以依据时间顺序记录领导的讲话，但会议纪要是对外发布的正式公文，必须有较强的条理和表述逻辑，如果对同问题抓不住重点，就很容易混淆公文的主旨思想脉络，让阅读者找不到会议的核心所在。写作者有必要对领导的同类项讲话大胆合并，展示出公文所应具有的条理性。

2. 把握会议纪要的"删"与"增"

有些公文写作者在最初写作会议纪要时，认为会议纪要一定要还原会议现场。然而，会议纪要不是会议记录的删减版，并非去掉会议记录的细枝末节就能诞生合适的会议纪要。

写作者首先要先理清本次会议的主旨思想，然后再有选择删减，决定哪些内容应该是纪要的重点，哪些只需要一笔带过。同时，会议形成的决议，大都是平铺直叙的讲述，并没有慷慨激昂的话语来吸引关注，写作者更要懂得在会议讨论过程中的发言中，找到共同点，从而提炼出段落的核心，为段落添加标题。

3. 使用准确的会议纪要语言

会议纪要是正式公文文件，语言表达要精简明快，一语点中文章要害，切忌使用含糊不清、模棱两可和口语化的文字。

例如，会议纪要不能出现"最近""××说""××觉得"等词语，而应该表述为"现阶段""××表示"等。相关语言的运用区分看似简单，但写作者需要长时间的观察和积累，才能在用词方面趋近精准。刚接触这一文体时，写作者应大量阅读政府对外发布的会议新闻稿件、规范的会议纪要写作模板等，提高对词汇使用的精准度。

第七章

礼仪类公文范例与解析
（礼仪来往常用）

  中国自古为礼仪之邦，讲究礼尚往来，《礼记》有云："往而不来，非礼也；来而不往，亦非礼也。"在公务往来的过程中，会需要服务于不同礼仪流程的公文，如果不准确掌握这些礼仪类公文的撰写方法，可能会造成贻笑大方的后果。

  本章的主人公小丁和小朱，通过工作中的所见所闻和亲身经历，对常见的礼仪类公文从一知半解到熟练掌握，取得了良好的学习效果。

第一节　邀　请　函

邀请函，又称为请柬或者请帖，是日常生活、商务往来中为了增进感情、洽谈业务、召开会议等，由主人（主办方）向客人（受邀方）发出正式邀请的一种应用文体。

邀请函的应用广泛，会议、宴席、演出、展览等场合均可使用。

应用场景

小丁和小朱是生活在同个小区的好朋友，小丁在政府机关工作，小朱则在一家大型企业上班。两个人年龄相仿，从小玩到大，成了无话不说的好朋友，遇到工作事情，经常会相互请教、相互帮忙。

这天，小朱在晚上九点钟还急急忙忙敲响了小丁的家门，忙不迭地向小丁"求救"。

"小丁你可要帮帮我！我们单位这次要举办一个主题为'AI 技术怎样改变未来电子商务业态'的研讨会，领导要我来负责发邀请函，我没有这方面的经验呀。你在单位负责办公室工作，肯定对这方面是得心应手。"

小丁胸有成竹地说道："哈哈哈，别着急呀，坐下来喝口水。邀请函我的确写过很多，我们单位举办的一些会议的邀请函都是我制作的。放心，我言无不尽，一定教会你怎么写。"

说罢，小丁就邀请函的格式、内容、要点等与小朱展开讨论。

写作范例

邀　请　函

尊敬的 ×× 先生／女士：

　　诚挚感谢您多年来对本单位业务经营和拓展的关心与支持，为共同擘画未来行业发展的蓝图，兹决定于 2022 年 9 月 9 日在 ×× 宾馆举办"AI 技术怎样改变未来电子商务业态"的主题研讨会。

　　鉴于您在 AI 技术领域的丰硕研究成果和对行业发展的巨大贡献，诚邀您出席并发表鸿文、嘉惠学林！

　　会议有关安排如下：

　　一、时间：2022 年 9 月 9 日—9 月 12 日。

　　二、地点：×× 宾馆（×× 路 ×× 号）。

　　三、议程

　　1. 9 月 9 日上午会议报到（报到地址：××）。

　　2. 9 月 10 日上午 9 点开幕式、代表发言。

　　3. 9 月 11 日自由交流讨论。

　　4. 9 月 12 日实地考察（考察具体内容、路线等见附件）。

　　再次真诚期待您的光临！

×× 公司
20×× 年 × 月 ×× 日

联系方式：×××××××××

（附件：考察事项安排表）

范例解读

　　在小丁的帮助下，小朱顺利地拟出了邀请函。看着写好的邀请函，小丁再次讲解起了邀请函撰写的要点："要想写好邀请函，首先你要确定邀请什么人来干什么，这样就能确定邀请函的主要内容，这也是邀请函的核心。否则，别人拿到你的邀请函将会不明所以。"

"另外，邀请主题实际上也限定了你邀请人员的范围，比如，你邀请人参加婚宴的话，一般都是亲朋好友，如果邀请很久不联系的朋友，恐怕不太礼貌，别人只会觉得你莫名其妙。私人如此，公务也是一样。如果邀请对象和你单位从来没有业务往来，必然有些唐突。"

"此外，邀请的指示要明确，可以用'时间、地点、事项'三要素具体说清楚，就是什么时间在什么地点做什么事。为了方便沟通，一般还会留下联系方式。"

小丁最后说："我还建议你去跟领导再汇报下，确定下邀请的人员名单。在发送邀请函的时候，可以记下来哪些人已发、是否收到，这样才能做到万无一失。"

写作技巧

普通私人邀请，采用口头、微信或者电话等简便方式就可以完成。在集体组织之间，为了表示尊重，正式的邀请函十分常见，写作者应掌握邀请函的写作方法。

1. 用语上要多用敬辞

既然是邀请，那就要体现"请"的态度。从某种意义上来说，邀请函是邀请别人来参加活动、出席会议等，对方的出席，也有帮助我方"喝彩加油""捧场助威"的感情成分。因此，在邀请函的整体写作风格上就要体现出邀请人的谦虚态度。多用敬辞，以呈现出邀请人的诚意。

例如，在称谓上多用"尊敬的""贵单位""您"等，邀请的时候多用"诚邀""为感谢"等，主动放低姿态，不能把邀请变成"通知"。

2. 内容上要清晰明了

邀请函的主文是整个函件的核心，其内容并不复杂，只要将邀请内容说清楚就行了。

从事情发展顺序而言，主要是"时间、地点、人物"，即邀请什么人在什么时间到什么地点干什么事。为此，在主文开头向被邀请人简单问候之后，就应写明举办活动的目的、意义，再接着写明邀请的具体时间、地点、任务等事项。

邀请函的篇幅不宜过长，必须确保被邀请人能迅速捕捉到邀请的主要内容信息，不至于浪费阅读时间。如果有活动的详细方案、过程、内容等，不宜在正文中表示的，可以用附件方式附在文后。如果被邀请人对活动感兴趣，自然会有通过附件仔细了解。

3. 风格上可灵活多变

邀请都应坚持真诚的原则，但在风格上可以灵活多变。比如，邀请学术专家参加大型的专业性会议，行文用语的风格就不宜过于跳脱、轻浮，而应当庄重一些。如果是庆祝活动邀请函，邀请的对象是单位合作伙伴等关系较亲密的人员时，风格上可以俏皮、诚挚一点，以此来显示彼此关系的与众不同。

4. 注意事项

"邀请函"一般可以直接作为标题，当然也可以加入事由，比如"关于举办××活动的邀请函"。但当邀请函作为独立文种时，则不宜拆分使用，像"关于邀请出席××活动的函"就不合适。

在列举邀请事项时，要准备充分。要尽量考虑到方便被邀请人，减少被邀请人出席活动的麻烦，比如，寄送邀请函的时候可以一并寄送门票等必需物件。

此外，邀请函要提前写作和发送，以便邀请人能有足够的时间进行准备。

第二节　聘　　书

聘书，或者称为聘请书，是聘请某人完成某项工作任务或者担任某项职务时所用的文书。

应用场景

一天傍晚，小丁正携着妻女在小区散步遛弯，远远看见小朱手里拿着个什么东西喜滋滋地往家走。为一探究竟，小丁立马喊住了小朱："小朱，你捡到宝了吗？那么开心！"

小朱闻言抬头，立马快步走来。

"小丁，你还记得上次那个邀请函的事情吗？在你的指导下，我顺利地把邀请事项办妥了，单位的活动也圆满完成了。最近，领导对我的能力非常认可。这不，这次单位要承办新项目，设立了项目组，选定我为项目组负责人。特意给我下了聘书呢。"

小朱夫妇听到这个消息，十分开心："恭喜恭喜！真为你感到高兴！你这算是'升职加薪'了。这是你们公司对你能力的肯定，你以后可要继续加油呀。快把你的聘书给我们看看，我们还没见过正式的聘书呢。"

小丁将手里的小红本子递了过来。

写作范例

聘　　书

××同志：

感谢你自工作以来为我单位作的贡献！为更好完成本次××项

目，特聘请你为项目负责人，聘期自××年××月××日至××年××月××日，聘任期间享受单位部门负责人待遇。

此聘

> ××公司（签章）
>
> 负责人：（签字）
>
> 20××年××月××日

范例解读

看着这个聘书，小丁忍不住又犯起了"职业病"。

"小朱，我经常写材料，前段时间我们单位也聘用了一批专业技术人员，聘书也是我写的。你可别小看这小小的聘书，里面可有不少学问呢。这样我来考考你，你从这聘书里看到了什么，或者说你有什么感受？"

这可把小朱问得一头雾水："这聘书拢共才几十个字，有什么学问？当然，我接到这个聘书的时候，特别兴奋，觉得单位对这个项目十分重视，对我也十分器重，心里油然而生一股豪迈感，就想着要把项目搞好，才能对得住这份聘书。"

"哈哈哈，"小丁闻言大笑，"你还说聘书没有学问，这不就是小小聘书里的大学问么！"

"聘书，实质上是形式意义与实质意义并重的应用文，"小丁解释道，"你想想看，要想通知某人被聘请担任某某职务了，只需要一通电话告知他本人就可以了，为什么还要下聘书呢？下聘书就是要显示出隆重的仪式感，让被聘用者感到自己受了礼遇，觉得自己的工作很重要，从而激发工作热情。小朱，你在收到聘书后这么激动，不正是达到这样的效果了吗？"

小朱不好意思地摸了摸头："好像是这样的。"

"是的，聘书的内容也和形式同样重要，包括要告知被聘用人：担任什么职务、主要做什么工作、聘用的待遇如何、聘期是多久、奖惩措施是怎样的，等等。"小丁继续向小朱补充解释说。

📚 写作技巧

聘书可以看成凭证，是聘人单位和受聘者的聘用证据。聘书的撰写过程通常不烦琐，但聘书"麻雀虽小、五脏俱全"，其形式和内容都有所讲究。

1. 从聘书的格式要素上看

与其他公文类似，聘书的格式要素应同样齐全。"标题、称谓、正文、结尾、落款"等五要素一个不落。

标题一般标明"聘书"或者"聘请书"的字样，字号字体稍大。

称谓可在开头顶格写明，也可在正文里标明，如"兹聘请某某担任某某职务"。

结尾处多会用表示敬意和祝颂的结束用语，常见如"此致敬礼"等。落款由聘请单位盖章和负责人签字，并写上日期。

2. 从聘书的特点上看

（1）聘书具有规范性。聘请某人担任职务，是一项很严肃的事情，且会产生相应的民事法律关系，因此对于聘书的每项内容都必须慎重对待，按规范化的格式和内容来撰写，不得随意发挥。

（2）聘书具有期限性。聘请通常不是终身制，多有时间规定。因此聘书也具有期限性，应写明在特定时间内具有效力。

（3）聘书具有选择性。对外的聘书不产生强制性效果，被选聘者可以选择接受聘请，也可以选择不接受。写作时也应考虑这一点，保持语言的客观、谦虚。

3. 从聘书的内容风格上看

聘书有简单和复杂两种撰写方法，简单的聘书内容只有一句话："兹决定聘请 ×× 担任 ×× 职务。"剩下的薪资待遇、任职期限等事项，用人单位可以和被聘用者在合同中详细约定。另一种聘书的内容比较复杂，相当于一份原则性的劳动合同，内容包含了任职职位、年限、薪酬、工作任务等内容，写作者应明确具体标准后再进行写作。

撰写聘书时，在行文风格上要把握以下两点：一是措辞严谨、态度诚恳，被聘用者能否愉悦地接受聘请，在一定程度上受到聘书内容的影响。好的聘书，必然用语热烈、诚恳，透露出求贤若渴和尊重人才的诚意。二是书面整洁、形式完备。聘书可以打印，也可以用手书，但不论哪种方式，一定要做到书面整洁、字迹工整。在负责人签字栏目，最好是亲自签名，表示出对于聘请事项的重视。

第三节 贺 信

贺信，顾名思义是用来表示祝贺之意的书信。贺信的行文主体和对象既可以是单位也可以是个人。

应用场景

"小丁，你知道吗？这次全市机关单位篮球联赛中，我们的下级机关区文联篮球队取得了总冠军的好成绩！这可着实不容易呀！"一上班，单位工会领导就把好消息分享给小丁。

小丁听后也表示祝贺："这可真是不容易呀，我们系统的男同志本来就少，能在篮球赛这种对抗性比较强的比赛中，取得全市冠军，同志们一定付出了很多的努力!"

"这真是出人意料!我们一定要好好鼓舞下我们的小伙子们,你看用什么方式比较合适呢?"工会领导问道。

"只有物质奖励就太俗气了,小伙子们可不是为了物质去打比赛的,他们更多的是热爱和集体荣誉感,我觉得还应该加上精神奖励的方式比较合适。除了通报表扬外,我们直接向他们发一封热烈的贺信。"小丁回答。

工会领导立马接过话茬:"我觉得你的建议很好,跟我想到一块去了。既然是你的提议,那这贺信就由你来起草吧,正好你对这工作也比较熟悉。"

"领导,我怎么感觉被你'套路'了?"小丁故意开玩笑地说道,"不过这也是我义不容辞的,放心吧,我一定把这封贺信写好。"

应用场景

贺　信

××市××区文联篮球队:

欣闻你们在全省机关单位 2022 年度篮球联赛中不畏强敌、奋勇争先,取得了联赛总冠军的好成绩,实现了我省文联机关篮球联赛冠军零的突破!队员们在球场上以团结拼搏的精神和坚忍的意志品质,生动诠释了文联人的精神风貌,为全市文联机关赢得了荣誉!

谨此表示热烈的祝贺和诚挚的慰问!希望你们在新的起点上能够再接再厉、再创辉煌,在今后的赛事中继续保持拼搏奋斗的精神,赛出风格、赛出成绩,为文联机关单位争光,为扩大文联机关的影响力作出更多贡献!

××市文学艺术界联合会(签章)

20××年××月××日

范例解读

　　贺信发出后，不但给区文联篮球队的队员们带去了直接的鼓舞，在整个系统内部形成了热烈的反响，干部职工们参加各类赛事的热情明显增加，此后，他们在多项赛事中都取得了不错的成绩。

　　领导对小丁的工作也给予了很高的评价和肯定。

　　通过这件事，小丁也明白了一封成功贺信的价值，这种文体不仅体现"礼仪"，还确实能鼓舞同志们的干劲。此后，小丁通过查阅资料，阅读了很多不同类型的贺信，对于贺信写作应注意哪些方面，小丁有了自己的归纳总结。

　　1. 上对下的贺信

　　此类贺电多用于上级单位、领导对下级单位和个人发出。一般是在遇到重大节日或者下级单位、员工取得重大成绩时。其内容在提出祝贺之时，多会提出希望和要求。

　　2. 同级单位之间的贺信

　　为了加强与兄弟单位的业务往来和情感上的交流，在遇到重大节日或者对方取得较大的发展成就，也会用贺电的方式表达祝贺之意，同时也会给予鼓励。

　　3. 下对上的贺信

　　多为下级机关对上级机关、领导发出，除了表达祝贺之外，还会表达更好完成工作的决心。

　　4. 对名人发出的贺信

　　此类贺电很常见，在我国，一些为国家作出突出贡献的各行业名人，在遇到其生日等重大时间节点时，党政机关都会向其发贺电，以表达真诚祝愿和美好祝福。例如，2014 年，农业部在袁隆平院士领衔的超级稻第四期攻关取得重大成就时，就向袁老发出了贺信，摘抄部分如下：

尊敬的袁隆平院士：

欣闻由我部立项支持、您领衔的超级稻第四期攻关项目实现重大突破，百亩方亩产达到创纪录的 1 026.7 公斤！这是您率领一大批农业科技工作者共同努力和长期奋斗的结果，是对我国乃至世界农业科技事业作出的巨大贡献。谨向您致以热烈祝贺和诚挚问候！

（部分内容略）

最后，祝您身体健康长寿，事业再创辉煌！

写作技巧

贺信作为表达祝贺之意的一种书信，其格式如同书信一般，在其正文的写作上，亦可在"万能模式"的基础上有所发挥。

贺信的正文一般要表达出三个方面的内容：一是表达祝贺，二是写明祝贺的缘由（即对方取得重大成绩和其意义），三是表达祝贺之人的心愿。

1. 开篇要直抒胸臆

这部分写作要直截了当、简短有力、热情澎湃，热烈地表达出自己的祝贺。

示例用语："值此……之际，我谨代表……向……表示热烈的祝贺""欣闻／喜闻……特此表示热烈祝贺"。

2. 接下来要概括对方取得的成绩和意义

此部分写的是为什么要向对方表示祝贺，要将对方取得的重要成绩进行精练的阐述，概述其取得成绩的不易和重要意义。

示例用语："突破性""历史性贡献""具有代表性""里程碑式的""划时代意义"。

3. 第三部分要提出希望和展望

此部分内容要根据祝贺信的行文方向而定。如果是上对下，可以用

"希望能够戒骄戒躁，再创新功"等用语；如果是同级，则可以用"相信你们定能再创佳绩"等表示鼓励。

第四节　祝　　词

祝词，主要被用在各种喜庆的场合表达祝福的演讲和文章。祝词在日常生活中应用十分普遍，是重要的一种应用文体。

应用场景

小丁奶奶大寿，全家欢聚一堂举办寿宴，特意邀请了众多亲朋好友。

寿宴十分热闹。勤劳、善良的奶奶，把儿女全部培养成国家的栋梁人才，大家对奶奶的品格十分钦佩和尊重，发自内心祝愿奶奶能够健康长寿。

寿宴进行到一半的时候，小丁的二叔提议："小丁，你与奶奶的感情最深了，现在你也走上了工作岗位，在今天这个场合，我们几个长辈就委派你向奶奶献上祝寿词，也表达下对今天来现场亲朋好友的感谢。今天是个大喜的日子，你的祝寿词要欢快一点，烘托下今天的气氛！"

"好的，二叔，这是我应该做的。"小丁斩钉截铁地答应下来，稍作思考后便拿起话筒走向舞台。

写作范例

致奶奶的祝词

尊敬的各位来宾、敬爱的各位亲朋：

大家好！

首先，非常感谢各位能在我奶奶寿辰之际，来现场庆贺，我谨代表我的家人向各位的到来表示衷心的感谢！也请允许我代表大家向我的奶奶送上最诚挚的祝福，祝愿她老人家能够幸福安康、福乐绵绵！

我的奶奶是个平凡而又伟大的女性。说她平凡，是因为……说她伟大，是因为……

八十年风风雨雨，八十载生活沧桑，我奶奶始终教育我们要保持对生活的热爱，并身体力行地践行着这个座右铭！这样朴素的家风，带来了家族的昌盛，也给自己带来了幸福的晚年生活。

最后，还是让我们献上最衷心的祝愿，祝福老人家生活之树常青，生命之水长流，寿诞快乐，春晖永绽！祝愿在场的亲朋们，生活蒸蒸日上，身体永远健康！

范例解读

这篇祝词感情真挚热烈，让来宾们感受到了小丁对奶奶的尊敬之情。

祝词目的是表达祝福之意，真诚是最好的感情表达方式，在致祝词的时候，要实事求是地概括被祝者的感人事迹、重要贡献。对于生活中的平常人，也要善于发现其人性之美，合理抒发感情，以引起其他人的共鸣。

写作技巧

祝词有预先写好，也有即兴表达，对表达祝词之人的写作要求较高。

1. 切合身份

祝词人要注意自己与被祝福之人之间的关系，以及职业、职位的高低不同，选择符合自己身份的祝福词。不可一味地抬高被祝福人，使祝词显得突兀，产生"拍马屁"的嫌疑。

2. 紧扣主题

写作者要注意祝贺的场合是公事，还是私事。如果是公事，要分清楚是获奖、表彰，还是取得优秀名次、拿下良好业绩。如果是私事，就要分清楚是升学宴、升职宴还是结婚喜宴等。

祝词必须与祝福事项的主体紧紧相扣。主题是祝词的核心，祝词内容的安排、篇幅的长度、语言的风格、层次的组合等，都要紧紧围绕主题而展开。

祝词的主题要围绕"喜庆"这个宗旨展开，切不可词不达意，甚至离题万里，达不到祝福和喜庆的效果。

3. 文辞简练

精彩凝练是祝词的关键，祝词不是华丽辞藻的反复堆砌。祝词用词要恰当，文字要流畅，适当引经据典，或者引用脍炙人口的经典诗文、名言警句，或者借景喻世、咏物生情，都能起到增添喜庆、烘托气氛的效果，让人印象深刻。

第五节　喜　　报

喜报，报喜的文书，是用来传达和宣传单位、个人取得某项优异成绩喜讯的一种文书。

应用场景

今天的小区人山人海格外热闹。

一大早，小区居民、物业工作人员、街道干部就早早在小区忙碌开了。有人在布置横幅、灯笼，有的人在指挥锣鼓队进行排练，也有人在路口紧张地翘首以待……

是什么让大家这么高兴呢？

小丁一打听才知道，原来是小朱的表弟江××同志在部队荣立二等功，今天喜报就送到家门口了！

小丁找到小朱，赶紧走上前去，紧紧握住他的手向他表示祝贺："小朱，恭喜你呀，你们家真了不起，出了个功臣！"

小朱一看是小丁来了，立马分享起自己的喜悦："谢谢丁哥，我都激动好几天了，我这个表弟从小就立志要参军，在大学的时候就入伍了，年年都是部队的训练标兵，这次他荣立二等功我们没想到政府和部队会如此重视，早早就通知了我们，说今天会将牌匾和喜报送到家门口，听说政府、部队的领导都会来送呢，这可真是光荣啊！"

说话间，就听见前面人群欢呼起来，小朱和小丁赶紧跑上前去观看，只见部队领导手捧着"喜报"，后面还有横幅，上面写着"恭贺江××同志荣立二等功"，横幅下面两个战士捧着"二等功臣之家"的牌匾。整个场面热烈而又喜庆，围观的群众激动得不停鼓掌、欢呼……

写作范例

立功喜报

江××同志：

　　江××同志自××××年×月入伍以来，努力提高政治思想觉悟，认真学习军事科学知识，服从领导，在××××年×月的重大军事任务中勇敢战斗，荣立二等功。

特此报喜！

中国人民解放军××××部队政治部

××××年×月×日

范例解读

　　小朱表弟收到部队喜报，在当地引起了不小反响，年轻人都以小朱表弟为榜样，掀起了参军报国的热潮，小区的孩子们做游戏时，也争先扮演解放军。面对此情此景，小丁深刻理解了为什么要大张旗鼓地送喜报了。他特意学习了喜报的相关写作知识。

喜报的特点

　　（1）鼓舞性。喜报的功能就是宣扬先进事迹、优异成绩，带有明显的宣传意图，通过适当的方式扩大宣传面，更能起到奖励先进、树立榜样、鼓舞人心的作用。

　　（2）及时性。喜报要在取得重大成绩后及时地发出，才能收到预期的宣传效果。

喜报的分类

　　（1）上级向下级发出的喜报。在下级机关取得了巨大的成绩后，上级机关及时发出喜报肯定下级机关的成绩，鼓励其再创佳绩。

　　（2）下级向上级发出的喜报。下级机关在取得成绩后，向上级机关通过报喜的方式进行汇报，希望能够取得上级机关的肯定。比如，新中国成立初期的一段时间内，我国各行各业都实现了飞跃，捷报频传，广大人民群众通过喜报向党中央报喜，场面蔚为壮观。

　　（3）向个人亲属发出的喜报。将喜报发给立功者的亲属，某种程度上更能体现喜报宣传和激励的效果。

喜报的格式

　　标题：用加大加粗的"喜报"或者"××喜报"（立功喜报、生产喜报等）字体即可。

　　称谓：受表彰的人员或者接受喜报的人员，为表尊敬，可用"尊敬的××"或者"××同志"，如果接受喜报的是单位、组织，一般不使用简称，而以全称为宜。

正文：简练地写明取得的成绩、受表彰的原因以及鼓励的话语等。

结尾：可以用"特此报喜""此致敬礼"等，也可省略不写。

落款：落款处写明发出喜报的单位全称及日期。

写作技巧

喜报作为宣传的有效手段，一经发出就会在群众中产生重大的影响，因此喜报的写作容不得丝毫马虎。

1. 内容务求真实准确

喜报容不得半点作假，更不能把喜报当成向上邀功的手段。尤其是向上级机关汇报喜讯的喜报，材料一定要翔实，结论一定要实事求是，既不能缩水更不能夸大。

2. 形式务求要素完备

喜报影响力较大，写作者应严肃对待。以"信件"这种公文格式来体现喜报的内容，可以说明行文单位对受表彰个人或组织的重视。喜报的篇幅虽然并不长，但形式要素必须齐备。

3. 行文目的明确

喜报要向被报喜的对象和群众说明"喜从何来"，在正文的有限篇幅中要直截了当、简洁精练地概括出行文的背景、目的，使阅文者能够快速准确地了解喜讯。

第六节 悼 词

悼词，是对逝者表示纪念和哀悼的文章。狭义的悼词，是指在追悼大会上宣读的专用致哀文稿，广义的悼词则是指对逝者表示缅怀、哀悼、思念的悼念文章。

应用场景

悼词并非"舶来品"，在儒家思想中，讲求"生前尽孝、死后尽道"，生者对逝者表达哀思，是礼法社会的大事。因此，悼词可以说是从中国古代的诔辞、哀辞、吊文、祭文等一步步演化而来。

诔辞，又作诔词，是我国古代祭文的重要种类，初为表彰逝者的德行以定谥号，后来逐渐发展为记叙功业的志哀文章。当然，其适用对象并非普通群众，而是有一定地位和权势之人。如郭沫若先生为张自忠将军所作的《张上将自忠纪念集》诔辞：

荩忱将军大义已悬，大仁已成，赫赫之烈概洵足宾乎！惇惇之嘉名不以修能，重其内美自有取舍进退之权衡。曾举世非之而未尝加阻，继举世誉之亦何所溢乎！其风声日月失其耀，雷霆失其鸣，泰岱失其高，金玉失其贞，更何有于雕虫小技之营营。余唯知寇犹未歼，敌魄必常附旗旌，直向目标迈进，偕国权而永生！

哀辞与诔辞相比，最大的不同在于哀辞适用对象是"童弱夭折，不以寿终者"，主要表达致哀人的哀悼之情。

吊文的"吊"是凭吊的意思，带有慰问的意思。《三国演义》里的诸葛亮吊孝周瑜，就属于吊文的典型适用。

祭文是古时祭祀鬼神或者逝者时诵读的文章，其有严格的格式，像"呜呼哀哉，伏维尚飨""呜呼哀哉，魂兮归来"等词句都属于祭文中的常用名词。

诔辞、哀辞、吊文、祭文等都属于广义上的悼词。现代意义上的悼词专指在逝者悼念大会上的致辞。

写作范例

祭侄文稿

维乾元元年、岁次戊戌、九月庚午朔、三日壬申。第十三叔银青光禄夫使持节蒲州诸军事、蒲州刺史、上轻车都尉、丹杨县开国侯真卿。以清酌庶羞祭于亡侄赠赞善大夫季明之灵口：惟尔挺生，凤标幼德。宗庙瑚琏，阶庭兰玉，每慰人心。方期戬谷，何图逆贼间衅，称兵犯顺。尔父竭诚，常山作郡。余时受命，亦在平原。仁兄爱我，俾尔传言。尔既归止，爰开土门。土门既开，凶威大蹙。贼臣不救，孤城围逼。父陷子死，巢倾卵覆。天不悔祸，谁为荼毒？念尔遘残，百身何赎？呜乎哀哉！吾承天泽，移牧河关。泉明比者，再陷常山。携尔首榇，及兹同还。抚念摧切，震悼心颜。方俟远日，卜尔幽宅。魂而有知，无嗟久客。

呜呼哀哉！尚飨。

范例解读

《祭侄文稿》在书法史上具有崇高的地位，被誉为"天下第二行书"。另外，这篇悼词背后的故事也感人至深，可以当做是悼词的经典之作。

一般来说，现代意义上的悼词有三种不同表现形式。

（1）抒情类悼词。此类悼词以抒发感情为主，适当地结合叙述逝者的生平事迹。

（2）议论类悼词。主要纪念逝者对于社会的贡献，具有强烈的社会意义。

（3）叙述类悼词。是现代生活中最常见的悼词形式，以记叙逝者生平的事迹为主，同时表达出哀思悼念之情。

以《祭侄文稿》为例，该文既有议论、叙述，又抒发了对于亡者的悼念之情，先是叙述了事情的经过，讲述了颜杲卿父子抗击叛军直至城破身死的过程，再是深刻表达了自己对颜杲卿父子忠于国家乃至献出生命的肯定和怀念之情。通篇文字催人泪下，读之令人泪目。

✎ 写作技巧

对于大多数人来说，接触到的悼词多是叙述性的，写好此类悼词，需要掌握"三段式"写作方法。

第一段，准确说明被悼念者的身份情况，包括其姓名、生卒年份、简要经历等事项，使得参加悼念的人们能够快速回忆起逝者的具体情况。

第二段，概括性的叙述逝者生平的主要事迹、贡献或者个人品质等。中国人讲究"盖棺定论"，因此悼词在总结逝者功绩时要做到恰如其分、实事求是。悼词因为宣读场合的特殊性，对于逝者多介绍贡献、少提不足。

第三段，表达哀思、号召生者向其学习。真诚、真挚地表达对逝者的敬意和哀思，充分肯定其社会贡献、个人品质等方面，号召生者化悲痛为力量，以逝者为榜样继承遗志继续努力。

第七节 讣 告

讣即报丧、告丧的意思，告即告知，讣告就是报告丧讯的文书。

讣告一般由逝者亲属或者主持治丧事宜的组织向外界公布，公布时间应在悼念仪式开始之前，给予其他人参加悼念活动的准备时间。

讣告可以用张贴布告的方式公布，也可以通过现代的媒体通信手段公布。

应用场景

"叮铃铃"一阵急促的电话铃声响起。

"是小丁吗？我是汪××，告诉你一个不幸的消息，我们单位的办公室老李，今天上午在医院因病医治无效不幸去世了。"小丁单位的工会老汪沉痛的通知。

小丁闻言也是吃了一惊："不会吧！？前几日我们还去医院看望了老李，当时他的情况没这么严重。"

老汪："老李在我们单位勤勤恳恳工作了十几年，办公室工作做得有声有色，大家都交口称赞他是一名合格的'大总管'，这次他不幸去世，对他的家庭、对我们单位来说都是一个巨大的损失。单位领导已经开会集体研究过了，为了体现单位的人文关怀，肯定老李多年的辛苦付出，单位决定成立一个治丧委员会来主持老李的后事。"

小丁："这是应该做的，老汪，你看我有什么能帮得上忙的地方？"

老汪："小丁，你年轻，头脑灵活精力也充足，对老李你也比较理解，就把你也列为治丧委员会的一员了。当务之急，就是要把老李不幸去世的消息以及举办悼念仪式的事情告诉大家，请同志们来参加追悼大会。这个事情也不好一一电话通知大家，我看最好还是写个讣告贴在单位公告栏上。你现在就来我办公室，把讣告的事情确定一下。"

写作范例

讣　　告

　　××市文学艺术界联合会办公室李××因病医治无效，不幸于

20××年××月××日逝世，享年××周岁。

李××同志自在我单位参加工作以来，一直坚勤恳工作，受到广大干部职工的一致好评，多次被评为优秀共产党员、先进工作者。李××同志的不幸离世，使我们失去了一位好职工、好兄长和好同事。

为了寄托哀思，定于20××年××月××日上午九时在市殡仪馆举行遗体告别仪式，凡李××同志生前亲朋好友欲吊唁者，请于20××年××月××日自行前往。凡有关团体和个人欲致唁电、唁函者，请寄往××市文学艺术界联合会李××同志治丧委员会。

依照李××同志生前遗嘱，丧事从简，并谢绝礼金馈赠。

谨此讣闻！

李××同志治丧委员会

20××年××月××日

范例解读

讣告目的在于宣告逝者去世的消息，其撰写遵循着某些固定的格式要求：首先是标题，直接用"讣告"或者"××（人名）讣告"即可，正文上必不可少的内容是逝者的身份信息以及逝世的时间，逝者的生平事迹以及是否举办悼念仪式等属于可以选择性公布的内容。落款署明讣告发布的时间。

对于不同身份地位的逝者，可以采取不同的讣告形式。

（1）简便式。这种讣告常见于报纸之上，内容比较简单，只写明逝者姓名、逝世时间和追悼会举行时间，目的是向社会公众进行宣告。这种讣告适用于具有一定社会影响力的逝者，如鲁迅先生讣告即采取这种形式。

（2）普通式。这是普通大众中最常见的讣告形式，一般采取张贴讣告的方式进行告知，在现代信息发达的社会，也可将讣告编辑好后通过新媒体渠道发布。讣告的内容除了写明逝者的基本信息外，也可对逝者的生平主要事迹进行介绍。

（3）公告式。公告式的讣告庄严隆重，影响面广，一般只适用于党和国家领导人以及对社会有特别重大贡献的人员。其发布机关的级别高，通常是高层级的党和国家机关、团体决定发布的。

写作技巧

讣告是在内容和形式上都很特殊的文体，因此撰写时要特别注意：

1. 形式上要庄严肃穆

生老病死是中国人心中的大事，尤其在去世这件事上，中国人普遍都很重视，所以讣告要讲究仪式，让人感受到对生命、对逝者的重视。按照中国的传统，讣告一般都使用"白纸黑字"的书写模式，在很多地方也有更细化的区分：长辈之丧用白纸，幼辈之丧用黄纸。但不管怎样，切忌使用红纸或者其他花哨的装饰、图案等。如果讣告是通过广播、电视等形式播放的，应当配以哀乐用以塑造悲痛、哀婉的气氛。

2. 内容上要朴素庄重

首先，讣告用语要简明扼要，能让不同文化素质的人都看懂。随着时代的变迁，人们的语言习惯也在改变。以前，为表达对父母的尊重，在遇到父母丧事讣告的时候，会使用"先考""先妣"的敬辞。但在现代，已经被大众化的"先父、先母"所取代。

其次，语言要高度概括。简便式、普通式的讣告篇幅都较短，公告式讣告虽然篇幅较长，但在语言表达上都高度精练，叙述不拖泥带水。最后，讣告的文风要质朴。讣告不宜使用浮夸艳丽的词句，目的是显示对逝者的尊重和表达哀思之情。

第八节 唁 电

唁电，是吊唁用的电报、传真等，目的是向丧家表示哀悼、慰问。唁电多用于官方等正式场合。

应用场景

饭后休闲时间，小丁一般都会携妻子小鲁看《新闻联播》。

这几日，国际上的大事莫过于英国女王伊丽莎白二世去世的新闻了。对于伊丽莎白女王的逝世，我国接连向英国的新任国王和新任首相发了两封唁电，对女王的去世表示哀悼，对王室亲属和英国政府表示慰问。

小鲁看完新闻后，对小丁说道："你整天跟我说你对公文写作很精通，那我考你一下：什么是唁电，为什么要发唁电？"

小丁听完妻子的发问后，笑着解释道："唁电是指对死者亲属等表示吊唁的电报，很多时候，人们因为路途遥远等因素不能到场吊唁，只好发封唁电表示哀悼之意。当然，在国际外交交往中，如果遇到某个国家的领导人物去世的话，发唁电致哀是一种外交礼节。"

小鲁："你这么说的话我就明白了，唁电是不能到场致哀的人发出的对丧家的慰问之电，所以其内容上也应该要庄重一点，是不是？"

小丁："是的，你说得很对。"

写作范例

唁 电

××（致电的对象，一般是逝者家属或者所在国）：

惊悉××不幸因××（因病、因故……）去世，我们深感悲痛，在此谨致哀悼，并向××家属表示诚挚慰问！

××曾先后担任……，为……作出了突出贡献（讲述逝者作出的社会贡献，一般用简洁精练的文字表述）。××的辞世，是……的重大损失（肯定逝者的历史地位、突出贡献）！

××风范长存！

××××（来电单位、组织）

××××年××月××日

范例解读

小丁对妻子小鲁讲解起了唁电的格式和写作注意点。

"你看，唁电是发给举丧之家看的，所以也不需要在标题上花功夫，直接标明'唁电'就行了，这样也方便丧家直接抓住重点。"小丁接着说，"然后就是致唁电所指向的具体对象。"

"正文内容上要另起一行，先要简单的两三句话表达听闻噩耗后的悲痛之情，常用的表达句式有'惊闻……''惊悉……'等，并表达对丧家的慰问之意。"

"正文内容还有一个很重要的部分，就是怀着沉痛或者缅怀的心情讲述逝者生前的品德、功绩等，对国外领导人的评价还包括对世界和平、两国友好交往所作的贡献等，以此来激发人们对于逝者的肯定和追思。"

"唁电结尾的表达有两种形式，一种是单行写'特电慰问''肃此电达'等格式化用语，另一种是用'永垂不朽''风范永存'等词句表达对逝者的尊敬。"

范例解读

唁电作为正式的致哀文体，需要集中表达致哀人对于逝者的怀念和对丧家的慰问之情，但其实现形式是发送电报、传真等，因此唁电不可能像普通文章那样长篇大论、天马行空，其有自己特殊的写作要求。

第一，形式完整齐备。完整的唁电包括标题、称谓、正文、结尾、落款等五要素，但各要素的内容比较简单。现实生活中，标题一般不作为唁电的必备要求，有的时候可以将标题省略而直接发电。

第二，篇幅短小精练。电报、传真的写作本身就有篇幅不宜过长的要求，因此唁电在语言的选择上特别讲究精练、准确，尽量少用修饰性的语句。

第三，语言庄重得体。唁电的适用场合特别，内容特殊，行文风格上要庄重得体，饱含深情。深切的悼念与缅怀是其感情基调并贯穿始终，因此唁电写作时，需认真斟酌语言、措辞、语气，充分体现哀痛、怀念之情。

第九节　慰 问 信

慰问信，是向对方表示关怀、慰问的信函。慰问信分两种：一种是在对方遭了自然灾害、战争等特殊情况后，致信予以慰问；一种是在重要的节假日向对方表示关心问候。

应用场景

每年的 5 月 12 日是国际护士节，这个节日，是为了向医护工作人员表达尊敬和感谢。

市卫健委在国际护士节到来之际，想通过适当方式向广大医护人员表达慰问。市卫健委宣传联络处的老汪将这项工作交给了刚毕业参加工作的小黄，这也是对小黄的一种锻炼。

　　小黄有点诚惶诚恐，请教到："说实话，慰问信我还没接触过，应该怎么写呢？"

　　老汪："慰问别人，就要站在对方的角度考虑问题。你想想看，这些白衣天使们是不是很辛苦也很勇敢？平时他们要做好自己的工作，照顾病人，还有被病毒感染的危险。节日中，他们是不是也想要得到大家的肯定和安慰？给白衣天使写慰问信，就是要写出大家感激的心里话。"

　　小黄若有所思地点点头："给白衣天使的慰问信，就是把我们对他们的慰问通过信件的方式表达出来，起到温暖人心、鼓舞士气的作用。"

　　老汪继续鼓励到："对于信件的写作格式和方法，你肯定很熟悉了，慰问信也是信件的一种，你就按照写信的格式要求来写。"

📚 写作范例

致白衣天使的一封慰问信

敬爱的白衣天使们：

　　你们好！

　　在国际护士节到来之际，市卫健委代表全市居民向你们敬礼，致以崇高的敬意！

　　是你们始终奋战在抗击病魔的一线，践行着救死扶伤的伟大使命，挽救了无数人的生命。在国际护士节来临之日，请允许我代表广大市民向你们表达最诚挚的慰问和最崇高的敬意！

　　在抗击病魔这场没有硝烟的战争中，你们不管自身安危，迎难而上，用你们的专业知识和无畏的精神，为我们筑起了一道守护生命的防线！正是因为你们的付出，我们才能健康生活。

祝你们身体健康！

此致

敬礼！

市卫健委

20××年××月××日

范例解读

小黄拿着写好的慰问信给老汪看，请他给予指点。

老汪看完慰问信后，连连点头，对小黄的成长感到十分满意。接着就慰问信的有关知识点，开始给小黄进行讲解。

"慰问信在生活中的应用很广泛，有时，别人遇到自然灾害，比如地震、火灾、洪涝等，我们要通过慰问信进行慰问。有时，重要节假日到来，比如三八妇女节、五四青年节等，有关单位和组织也要对过节的人员进行慰问。此外，员工退休、士兵退伍的时，也要进行例行的慰问。"

"既然是慰问，那就要注意慰问的时机。比如你写的这封'512 国际护士节'对白衣天使的慰问信，我们应该在节日之前或者节日当天发出，否则就失去了节日慰问的意义了。再比如对别人遭受灾害时的慰问，也要选择合适的时机发出，如果是等到灾害过去很久了才发慰问信，不但达不到慰问的效果，反而会再次揭开别人痛苦的回忆。"

"写慰问信，要用真实诚挚的情感，语言上要热情一点，要让别人切实感受到我们慰问他人的心情。"

"慰问信的格式没有太多特别的要求，你写的这个慰问信格式要素就很齐全，有标题、开头、正文内容、结尾、落款。各方面都写得很好，我相信白衣天使们在收到慰问信之后，一定能够感受到温暖！"

写作技巧

1. 慰问信应层次分明。层次分明主要从慰问信的结构上下功夫。一封格式要素齐全的慰问信，能使慰问对象感受到被尊重、重视。

从标题看，可以由文种名称"慰问信"单独构成，也可以由慰问对象加文种组成，如"致 ×× 的慰问信"，或者由慰问人、慰问对象加文种共同组成，如"×× 致 ×× 的一封慰问信"。

开头称谓应顶格书写受文者的全称（或是专属的代称，如"白衣天使"特指医护人员），并加上"敬爱的""可爱的""尊敬的"等敬词。

正文应写明发慰问信的缘由，表达对受文者的肯定、鼓励和安慰。另外特别要注意正文的篇幅不宜过长，要通过简练的语言概括性进行表述。

结尾、落款应再次用祝福语表达出慰问之意并署上发文时间。

2. 慰问信感情要真挚。慰问信毕竟不同于普通书信，其行文语气很重要，要在契合双方身份关系的基础上，把握好分寸，要在字里行间体现出行文者与受文者之间的情感共鸣。撰稿者可以通过议论、叙事与抒情相结合的方式，将行文者的感情渲染在信件中，力争做到"字字含情、句句暖心"。

3. 慰问信内容要充实。慰问信的篇幅都不长，要在有限的篇幅能将事情说明白、感情说清楚，考验着行文者的文字功底。因此，行文者必须把握住慰问的重点，让慰问信始终围绕着主题重点展开，切不可贪多求全，导致读者摸不清慰问信的中心思想，反而冲淡了慰问信的关切之意。

第十节　感 谢 信

感谢信，是对别人的帮助表达感谢之情的礼仪性应用文书。

应用场景

时间：2022 年 4 月 × 日

地点：×× 市慈善基金会办公室

人物：基金会会长老王、基金会宣传联络办主任小石

老王看着办公室整理好的捐赠物品清单，既感到欣喜，又感到肩上责任重大。他对小石说道："这次台风突然袭击，给城市带来了巨大的损失。好在有市委、市政府的坚强领导，全市各行各业工作人员都纷纷行动起来，开展抗灾自救，力争将损失降到最小。现在，全国各地的爱心企业、人士纷纷向我们伸出援手，寄来大量的抗灾抢险物资，物资已经汇集到我们这了，这是一份沉甸甸的信任呀。"

说话间，老王把捐赠物资清单递给小石看。

老王接着说："我在想，知恩感恩是我们的优良传统，对于帮助过我们的人，我们是一定要表达感激之情。你看通过什么样的方式表达比较合适？"

小石："捐赠的单位和个人很多，逐一拜访不切实际。领导，我建议以集体名义向捐赠者写份感谢信，让他们了解进展，说明我们已经收到了他们的爱心物资，一定会妥善地将爱心物资用到该用的地方。"

老王当即决定："这件事就交给你们宣传联络办公室去办，正好也是属于你们的职责范围。写好初稿后先拿给我看一下。"

写作范例

感 谢 信

××：

自我市遭受台风袭击后，各级政府高度重视抗灾救灾工作。在市

委、市政府的坚强领导下，全市上下勠力同心，共同奋战在抗灾救灾的第一线。

"一方有难，八方支援"，在抗灾救灾的关键时期，全国各地的爱心企业和个人纷纷伸出援助之手，在极短时间内向我们捐钱捐物，为我们战胜自然灾害提供了坚强的物质基础和莫大的精神鼓舞。你们的爱心善举得到了全市人民的肯定和赞扬，你们大爱无疆的深厚情怀温暖着全市人民！

在此，我们承诺：对您的爱心捐赠，我们将秉持公开透明、公正高效的原则，及时精准地将物资发放到抗灾救灾最需要的地方和受灾情影响的群众手中，依法向社会进行公布。

我们坚信，在社会各界爱心人士的大力帮助下，我们一定能够战胜此次灾情，迎来更加美好的明天！

×× 市慈善基金会

20×× 年 ×× 月 ×× 日

范例解读

老王看完感谢信初稿，对提出了建议："感谢信的内容上我没有什么修改意见，建议能设计一份精美的卡片，将感谢信的内容打印上去，把排版做精致一点，这样也好表达我们对于捐赠人的重视和感激。另外，这个事情要抓紧，赶紧把感谢信寄送给各个捐赠人。"

最后，老王还让小石列出感谢信的写作基本要求，可以作为日后的培训资料。

感谢信写作基本要求：

标题	1.感谢信 2.致 ×× 的感谢信 3.×× 致 ×× 的感谢信

续上表

称呼	1. 收文方为单位时，写全称 2. 收文方为个人时，用"先生、女士"等敬称
正文	1. 何时、何地、何人、发生了什么值得感谢的事情 2. 为何值得感谢，有何学习价值 3. ……
结尾	1. 再次表示感谢 2. 用"此致，敬礼"等敬词 3. 自然结尾
落款	行文者全称（签字、盖章）、行文时间

写作技巧

1. 评价中肯，语言得体

需感谢的事项必须真实存在，不能杜撰或者夸大。在评誉对方时，要客观公正，不可过分溢美，给人产生不真实的怀疑。表达感谢之情，既要符合行文者也要符合受文者的身份。

2. 叙事准确，扼要简练

利用"何时、何地、何人、何事"的叙事方式，将行文对象所做的善事善举叙述清楚。

3. 用语适度，感情自然

感谢信的写作要以记叙为主，穿插议论和抒情，但不可不着边际地大发议论，或者漫无目的地抒情。对行文对象表达感谢之情时，也要把握好"度"。全文应当饱含感情，透露出发自内心的真诚。

第八章

宣传类公文范例与解析
（宣传媒体常用）

在日常工作和生活中，宣传类公文占据了越来越重要的地位。无论是集体工作成绩的宣布告知，还是各类活动成果的汇报总结，都离不开宣传稿的应用。熟练掌握宣传公文稿件的撰写手法，能提高写作者的工作效率。

本章向读者解析宣传稿件的撰写手法，以期提供更多的写作技巧，有效帮助读者规避写作误区。

第一节　海　　报

海报是最常见的宣传性质文书，海报通常张贴在特定场合醒目的位置，主要向人们告知电影、演出、比赛、会议等活动的信息。

应用场景

社会高速发展，对人才的需求日渐增多。为此，培养大学生创新创业的能力，成为大学教育体系的重要内容，双创能力也是大学生培养核心竞争力、适应未来发展的必要技能。

近期，A校大学生创业协会准备邀请本市著名企业家李××介绍他的创业历程，借此培养同学们的创业意识，带动大家的创业激情，帮助找准发展方向，做好人生职业规划。

这次活动中，演讲海报的设计和制作工作由王××同学负责，王××组建了海报制作的小团队，成员包括了广告专业的孙××、中文专业的江××、美术专业的方××。

广告专业的孙××指导大家设计海报的标题：

"标题是海报关注的焦点，要新颖夺目。标题可以用优美的辞藻描绘事件，或者利用讲师的权威性吸引学生们的眼球，还可以通过标题告诉同学们听讲座可以获得什么知识。"

几名学生开始了头脑风暴。王××："把握机遇，从这一个讲座开始。"方××："人生需要奋斗，机会需要创造。"江××："迷茫与困惑围绕着你，今天的讲座替你摆脱！"孙××又说道："扬青春的风帆，铸人生的精彩。"

孙××最后这句脱口而出便得到了一致认可，孙××接着介绍海报制作的另一要点："海报是将讲座的信息告知学生们，必须写明讲座的时间、地点和具体内容，同学们通过海报能知道上哪儿听、听什么、什么时间听。"

王××点点头："嗯，不错不错。这样吧，你来设计海报并进行海报的最终定稿，江××负责文字工作，方××负责美化海报，我去联络海报印刷和张贴的事宜。"

在孙××的指导和设计下，在江××和方××的配合下，一张设计精美的海报展现在王××的眼前。

写作范例

扬青春的风帆，铸人生的精彩

当今的世界，科学技术迅猛发展，机会和机遇层出不穷，但也稍纵即逝。如何在纷繁复杂的信息中抽丝剥茧般找到自己的方向，这是一个艰难的选择。今天的讲座可以帮你：厘清思路、探明方向、把握机会、抓住机遇。

一、讲座时间

9月15日14：00

二、讲座地点

学校北区第一报告厅

三、讲座内容

著名企业家李××分享他创业路上的成功经验及心路历程。

四、参与对象

全校学生

五、参与方式

创业协会学生直接获得参与名额，协会外学生请通过本校大学生创业协会公众号报名。

××大学生创业协会

2022 年 9 月 8 日

范例解读

海报张贴在学生们前往餐厅必经之路的公告栏内，色彩搭配合理的构图、恰如其分的文字表达，让学生们每每经过都要驻足观看。

讲座进行当天，报告厅内座无虚席，学生们认真聆听企业家的经验分享，积极与企业家进行交流互动，充分激发了学生的创业激情，达到理想的活动效果。

创业协会李老师对此次海报的制作非常满意，在讲座结束后请几位同学在学校食堂吃饭庆功。

李老师问各位同学："你们有分析过这次海报吸引学生的原因吗？"

孙××首先回答："我认为标题起得好。标题是海报的灵魂，是一份海报的焦点所在，要在第一时间打动目标人群。作为大学生，每人心中都充满激情，希望自己有所作为。但在目前的表现状态下，大部分学生又有些迷茫，害怕毕业即失业。海报的标题正好说到学生们的心坎里。"

江××接着说道："构图也是海报的一大重点要素，线条的形态与流畅度，色调的强弱与色彩的协调都很重要。本张海报的整体设计非常灵动，色彩的搭配虽然抢眼但不喧宾夺主。"

王××最后总结道："本张海报的内容表述完整简洁，既用了鼓舞性的语言，但没有夸大其词。版面的艺术化处理吸引了学生们的注意，才得以让大家关注到海报的具体内容。"

李老师赞赏地看着几位学生："总结得都很不错，这份海报我会好好收藏，作为以后类似海报设计的范本。"

写作技巧

1. 适当留白

为了使海报设计有好的视觉体验，创作者要留意文本中字与字之间、行与行之间的距离。

有些写作者在设计海报时，总想要将表达的文字一股脑地堆积进去，以为元素越多、文字内容越全面，越能表达出设计意图。殊不知，这样反而会给人一种窒息感，让阅读者理解不了海报表达的中心思想。

2. 合理的群组分类

创作者拿到的原始文案资料，基本都是文字，需要创作者根据文字功能和内容进行二次分类，将文字分配到不同群组之后，再合理利用。

部分初学者通常不能对原始文本进行很好地理解，无法准确地将每一块的文字放置合适的位置。但他们可以通过观摩和学习优秀的海报作品，对文字归纳的基本技能和使用技巧加以提升。

3. 具备逻辑思维能力

创作者在设计的过程中，需要极强的思维能力，对每一模块的内容能有条不紊地设计和安置，以实现海报的视觉功能传播效果。不妨将此过程想象为排队行为，每个人都在一定秩序的推动下缓慢前进，就好像每一模块的文字在内容的驱动下一点点映入阅读者的眼帘。如何实现文字内容的这种驱动性，是海报写作过程中应把握的要点。

第二节　广　　告

广告，即广而告之，是向人们推销商品、传递消息最直接有效的方式。广告按照其商业性质分为以营利为目的商业广告，和以信息传递为主的非营利广告。

📚 应用场景

最近辖区发生了几起电信诈骗案件，王局长决定结合最近几起案件的特点，进行一次大范围宣传，他找到宣传科小肖一起商量反诈宣传的事宜。

小肖想了想说道："要不我们找广告专业人士来指导下，请他们帮助我们开拓思路。"

王局长认可道："好，试试。要真有效果，以后这类的宣传就跟广告公司合作吧。"

小肖找来在广告公司做策划的小孙并向小孙介绍了最近几起诈骗案的具体情况和宣传广告制作的思路，小孙分析道："宣传广告应该起了一定的效果，但是宣传力度不足，导致群众的重视度不够。宣传广告使用没有任何感情色彩的标题很难起到警示作用，这种宣传方式没有直击问题的要害，用词不够犀利，没有抓住痛点。"

小孙想了想，随后说道："广告宣传设计根据宣传的主题、受众群体、投放媒介的不同，有很多不同的表现形式。我根据目前这几起案件的共同特点设计一份初稿，然后我们再一起琢磨琢磨，也请你们给指导指导。"

📚 写作范例

谨防电信诈骗

骗局揭秘：

诈骗者伪装成某平台的客服，主动报出自己的工号和用户的隐私信息，以显示自己的真实性，博得用户的信任。他们常以高额利息、征信受影响为由使用户产生恐慌，借此机会突破用户的心理防线，实施诈骗行为，用户在失去理性判断力的情况下将资金转到所谓的"安全账户"，造成财产损失。

警方提醒：

客服不会讲的话：你的身份证号是××××××××××××××××。

请记住：用户的身份证号码、银行卡号等隐私信息，正规的电商平台或者金融平台是不会违规泄露和使用的，也不会套取用户更多的个人信息。

客服不会讲的话：应国家要求，我们需要帮你注销××××××。

请记住：任何规范运营、接受监管的金融平台，不会轻易联系用户注销账户，或者怂恿用户进行注销的操作。

客服不会讲的话：点开链接下载 App。

请记住：正规运营的平台一般只有官方 App 客户端。

当您接到不明来电，请提高警觉挂断电话。如有必要，可主动向官方平台 App 里的"我的客服"进行确认，或者拨打国家反诈中心电话。

识别客服骗局，保护财产安全

范例解读

小孙带着写好的稿件拿给小肖。小肖读完之后，觉得相比较之前的方案确实很有感染力，于是将办公室的宣传干事叫来办公室与小孙一起讨论学习。

宣传干事小吴看完后问道："广告一定要对事情的经过进行描述吗？"

小孙回答道："这不一定，要具体情况具体分析，比如我们这次稿件的目的是让群众提高警惕，那么最好为群众进行情景创设，这样群众接到诈骗电话会有似曾相识的感觉，从而提高警惕。"

宣传干事小丽问道："起标题有什么诀窍吗？"

小孙回答：“宣传广告的标题可是很有讲究的，标题最先映入群众眼帘的内容，是决定群众继续阅读宣传资料的重要因素。广告标题的表现形式虽然有很多种，最好直接点明主题。我们直接点明了宣传方案的主旨思想，让群众一目了然。”

小孙顿了顿继续说道：“现在人们每天会接触到很多信息，所以想要吸引人们的注意，设计一定要别出心裁。现在相关内容的宣传形式已经很丰富了，部分宣传视频做得很好，构思巧妙，直抓人心。”

小孙看到大家都在低头思索着，便说：“要不我们这次先这样，下次我们再接着聊。”

大家虽有些意犹未尽，但还是决定先消化消化再继续学习。

写作技巧

1. 创意标题是宣传文案成功的保证

方案的标题应该具备故事性、新奇性或者新闻性的特征，创意性的标题可以采用生动的比喻、情景的想象、与新闻热点相结合等方式实现。

写作者在进行标题创意时，要注意标题与目标人群的距离感，不能因为想要显示新奇特而刻意地曲高和寡。

2. 好的方案要有真情实感

广告宣传方案最忌讳空洞无意义的表达，好的文案应该是娓娓道来，就如同在向朋友讲述自己的故事。

写作者进行方案创作时，可以将自己放入某个具体情境，感觉自己面对的是一个个鲜活的面孔，自己将想要表达的主题转换成富有深情的文字话语，去感动和影响他们。

3. 好的文案与文字的长短无关

有些人认为在短视频时代，没有人再愿意阅读长字。这样的认识是片面的。事实上，引人入胜的长文会让人爱不释手，枯燥乏味的短文也会让人不屑一顾。

写作者要根据内容的需要而进行文案创作长短的选择。如果一篇短文就能将意图表达清晰，那么就创作短文。如果长文才能将意图表达得生动，才能让人引以为戒，那么就创作长文。长短文的选择应体现创作意图的需求，只要达到理想的宣传效果，就是好的广告宣传文案。

第三节　通　讯

通讯，是以叙述和描述为主，议论、抒情为辅的表达方式，对现实生活中有影响的客观事物或典型人物进行报道的新闻体裁。

应用场景

××县委决定报道一位基层的乡村民办优秀教师吕××，但作为县委宣传干事小李却不知如何着手撰写通讯报道。于是小李请教同事小孙。

小孙首先问小李："小李，你了解吕老师的事迹吗？"

小李点点头道："我知道通讯报道必须以事实为依据，我已经走访了部分群众和吕老师所在的学校，对吕老师的事迹已有所了解。"

小孙赞赏道："不错，这是写人物通讯稿必须要做的第一步，也是事件和风貌通讯稿所必须做的工作。人物通讯稿的核心在于表现人物的精神面貌和性格特征，对人物应该是动态的讲述。就是通过人物主要事迹细节的描写，突出体现人物的精神面貌或性格特点的某一方面。写人离不开事件的讲述，写事为了更好地展现人物特征。"

小李回复道："吕老师从教三十余年，不仅在讲台兢兢业业，培养了众多品学兼优的学生，而且还自费资助贫困儿童上学。××村常年缺医少药品，吕老师便自购常用药品，为学校和乡亲提供药物。"

小孙肯定道："吕老师值得让大家敬仰，我们不能让这样的好人默默无闻，通讯稿的正文就从吕老师资助穷困儿童和为学生、乡亲买药两方面着手写。通讯稿的标题是文章的眼睛，需要用简洁的语言概括文章表达的思想。"

小李想了想说道："吕老师的身份已不能仅仅用老师来定义，他在乡村中担当了多重角色。我想在标题点明吕老师的多重身份。"

小孙回复："好，这样吧，你先写一篇，然后我修改定稿。"

少顷，小李将写好的稿子拿给了小孙，小孙笑笑道："写得有些问题，我先修改定稿，不用耽误发稿时间，回头我们再仔细讨论通讯稿的撰写。"

写作范例

三尺讲台上的不凡人生
——记 × × 县 × × 村小学民办教师吕 × ×

夕阳洒在他的鬓角上，仿佛染了一层岁月的霜，尽管眼角略带疲惫，但闪闪的瞳孔却分外明亮。这，便是我们的采访对象——吕老师。

从1985年起，吕老师拿起教鞭，就从未放下，迄今已有三十多年时间。他从当年血气方刚的毛头小伙，变成了今天的"老教师"，从当年孤身一人来到××村，到如今已是山村乡亲离不开的依靠。

吕老师在三尺讲台上兢兢业业，视教学为生命，他爱生如子，不让任何一名学生辍学。吕老师班级有名叫胡××的学生，学习刻苦用功，是一名颇有学习天赋的学生。有一次，连续几天胡××没有到校上课，吕老师通过家访得知，胡××因为父亲亡故失去了生活来源，他决定外出打工补贴家用。吕老师立即说服胡××母亲放弃让孩子辍学的念头，决定承担胡××上学期间的所有费用。胡××在吕老师的帮助下得以重返校园。

三十余年来，类似这样接受吕老师资助的学生有多少，无人能够计算清楚。当我们问及吕老师时，他用轻描淡写的一句"这点小事不足挂齿"，让话题至此终结。

吕老师的责任心并未止步三尺讲台。××村缺医少药品，乡亲们抓药难已是长期存在的问题。吕老师便利用外出开会的机会自费备足常用药品。班级学生谢××，曾在放学路上突然呕吐。路过的吕老师立即用学到的医学知识实施紧急抢救，帮助他脱离危险。家长闻讯赶来将孩子送去医院，后来感激地将吕老师称为"恩人"。其实，类似帮助他人的事情，吕老师做过很多次，乡亲们也数不过来。只是乡亲们知道，吕老师的心永远和他们在一起。

吕老师从1985执教以来，他所教过的班级，成绩总是在全县的会考中名列前茅。吕老师多次被乡、县评为优秀教师，曾被中国青少年发展基本会授予"希望工程"园丁奖。

....

范例解读

小李依照小孙修改后的稿件提交了，然后又继续向小孙请教通讯稿件的写作方法。

小李问道："小孙，这几天我也学习通讯稿件的写作知识，通讯和消息比较接近，也最容易搞混，怎么样区分消息和通讯呢?"

小孙指导道："是的，通讯和消息是新人经常会搞错的两个文体。消息文字比较简洁，只要讲述清楚新闻的六要素，即人物、时间、地点、事件、原因、结果，短则一句话，长则不过上千字；而通讯需要用生动的语言表达感人的事迹，要引人发省给人启迪。短则四五百字，长则上万字。比如你写的吕老师稿件，原本没有什么描写，也缺少故事的详略，读起来挺枯燥，就像个人年终总结。"

小李略有所悟地说道："嗯，明白了。的确，您这样一改，我觉得好看多了。"

小孙说："例如，你要为读者介绍一场比赛，那消息只要写明白什么团体什么时间在哪里举行了什么比赛，比赛结果如何。而通讯稿就要将比赛的赛况详细介绍，还要选取一两场比赛进行生动描写。"

小李点点头。

小孙继续说："此外，消息要注意时效性及标题的直接表达，使人们通过简单的标题阅读便能获取新闻事件的全部信息。而通讯更注意读者的阅读感知，宜用文学表现形式塑造栩栩如生的人物形象和跌宕起伏的事件。"

小李点点头："我回头写几份稿件练习，还请您多帮我指导指导呢。"

小孙笑了下："嗯，没问题，有需要尽管找我。"

写作技巧

1. 通讯稿应有明确的中心思想

通讯稿件有多种结构形态和多样化的书写手法，但不论通过何种文学手段撰稿，都应该确保一篇稿件中表达一个主题。部分初学公文的写作者，经常试图在一个稿件中塞入太多的主题，希望能以此吸引更多阅读者。但缺乏中心思想或者主旨混乱的稿件，很可能让阅读者如堕雾中。

2. 流畅自然的写作手法

通讯稿件需要用饱含深情的笔触去展现文字的生动和丰满，要让阅读者有持续阅读的兴趣。如果在写作时为了显示稿件的专业性，刻意选择用专业术语或者业内行话来表达，就会脱离广大读者阅读习惯的语言，会大大降低读者的阅读兴趣，可能会使读者读到一半便放弃了。

3. 灵活多变的写作格式

通讯稿应该在格式上为读者创造流畅的阅读体验，形成有效互动的环境。部分初学者在写作时，误以为将通讯稿内容套用固定的格式即可，这种如文件般粘贴复制的稿件，实际上失去了通讯稿的意义，也丧失了通讯稿的新闻特性。

第四节　评　　论

评论，具有新闻性和政论性的特征。这种公文针对新近发生的事情、具有重大影响和普遍意义的事件、迫切需要解决的问题等，发表对大众有所启发和警示的思想观点。

应用场景

×× 县城中心小学，早高峰时某家长因为着急送孩子上学，就在路边随意停车。交警到现场执法，个别群众表示疑问，认为执法不够人性化。也有群众认为，执法就应该按法律办事，交警执法没有问题。这些观点的交织，引发了群众在网络上的讨论。市交警队宣传科的小李看了相关舆论之后，心中有感慨却不知如何表达，于是找到朋友小孙，向他讲述自己的看法。

小孙听完之后，发表自己的意见："交警依法执法，被处罚的个别群众可能不理解，但大部分群众表示理解和支持，类似事情的对错，值得大家深思。我们可以发一篇评论的文稿。评论主要在于'评'，只有准确、精彩的'评'，才能引出'评'的价值，评的深入，才能体现评论的功能和意义。"

小孙继续说："我们先列出这篇评论的论点、论据和论证。找出了三大要素，我们再动手写就会有明确的思路。"

小李说："我们这篇文章就是评论执法和群众、监管和服务之间的关系，这个算不算论点。"

小孙回答他："这个不能算论点，理解不够准确。论点应该是我们针对这个事件需要向大众阐述和论证我们的观点和立场。也就是我们对这件事情所持的态度。评论说通俗点，就是表达清楚事件是什么、为什么、怎么办的过程。"

小李依然疑惑不解，小孙看着他说道："我先写出来，然后我们再继续讨论。"

写作范例

交警与司机，应当是城市秩序的共同维护者

20××年×月×日上午，我县的交警执法人员在执法过程中，对着急送孩子上学而随意违规停车的司机进行了处罚，此事引起了网友们的关注。本来是正常的执法行为，个别网友却质疑交警执法不够人性化，这里面的深层次问题值得深思。

违规停车影响了学校周边的正常交通秩序，按照交通法规进行处罚是理所当然的。交警的执法行为可以采用灵活多变的方式，如果司机即停即走，没有影响学校周边交通秩序，交警可以对违法者进行口头教育、警告等。

从另一方面说，司机应当遵循交通法规，不能以送孩子当作违法的借口。特别是在学校附近，不遵守交通规则的行为，很可能影响到交通秩序，甚至发生交通事故。一旦因交通违法行为造成学生的人身伤害，后果不堪设想。

交警灵活的执法方式，能温暖司机的心，司机遵守交通规则，能让

城市井然有序，保证了居民的出行安全。建设美丽的城市，需要管理者与被管理者双方的共同努力。

范例解读

小孙的评论稿发表之后，引来了社会各界的思考和讨论。小李也拿着报纸来找小孙："这篇稿子我们同事都看了，以前总觉得交警执法就应该严格，却根本没有深想会有其他问题。"

小孙："是这样的，评论就是要有力度，要能够引起大家重视，引发大家思考正确的应该是什么。"

小李再问道："小孙，那如何保证我评论的立场正确与否呢，要是我的评论本身就是不全面或者错误的，那不是给大家一个错误的引导。"

小孙回答道："论点需要有强有力的论据来支撑，我们通常可以对自身的逻辑进行推演，如果能够证明自己的观点不矛盾，也就是内部逻辑的自洽性，也可以通过外部举证来检验观点立场的正确与否。当然拥有正确的三观，是对事物进行评论的基础。"

小李继续问道：小孙，一篇评论只能表达一种观点吗？

小孙说道："是的，论点一个就好，写评论稿只需要对一个论点进行清晰论述即可。"

小李点点头："我懂了，时间不早了，下次再向你请教了。"

写作技巧

1. 把握评论表达的准确性

评论最好做到一事一议，不要过于发散思维。部分写作者常常会在写作过程中忽略了自己评论的主旨思想，结果写到最后却忘记了评论表达的初衷是什么。

2. 评论的重点在于思考和论述

写作者为了达到理想的论辩效果，可以在行文时心中创造"假想敌"，用文字与"假想敌"展开辩论。

3. 评论的风格多种多样

评论风格可以由写作者的个人风格决定，没有统一的格式要求，言辞犀利也好，诙谐幽默也罢，只要能将评论的三要素进行准确表达即可。在撰写评论时，写作者应注意语言的分寸和表达的准确度，"晓之以理，动之以情"的温和表达方式，也是一种理想的评论风格。

第五节 新 闻 稿

由党政机关、企业单位、民间团体等社会组织，通过如新媒体平台、电视电台、纸质报纸等传媒渠道，传递出具有新闻价值的书面文件，被称为新闻稿。新闻稿不同于新闻，新闻是具体的事件，而新闻稿是写作者围绕新闻写作出的稿件。

应用场景

阿山是一名新闻系的学生，自小希望能写出优秀的新闻稿。但在学校学习了四年，阿山觉得自己尚未真正写出过优秀的新闻稿。

阿山找到教授："老师，我快要毕业了。新闻理论的书读了不少，但是仍旧不清楚优秀新闻稿和普通新闻稿件究竟有什么不同。"

老教授沉吟片刻："从传播学的意义来说，我们新闻人的写作重点和普通文学家有所不同，很多人把好新闻稿的重心落在'文'上面，他们总想要出口成章，希望写出精彩绝伦的文章。"

阿山有些不明所以："教授，我不太明白您的意思。"

教授继续道："传播是新闻稿的核心，咱们系里部分同学，总想把文字写出花来。其实好的新闻首先要实事求是地进行记录，如果是增加多余的修饰，或者总想着像文学家一样写出惊世骇俗的文章，并不是我们新闻人的使命。"

阿山点点头："我明白您意思了。但是，实事求是而不加修饰的记录，似乎也不容易做好广泛的传播呀？"

教授点点头：我跟你说个故事吧。

"19××年，××市遭自然灾害侵袭，全市进入紧急状态。新闻稿本身写得非常好，我们一起看一下。"

阿山和教授一起看起了文章。

📚 写作范例

19××年8月5日，某沿海市区。

林海茫茫，大雨滂沱。伴随热带气旋"××"飓风侵袭××市，××市区遭受严重的极端天气，大雨和暴风席卷着城市。

在8月5日13点，××市政府宣布进入紧急状态。

…………

××市政府呼吁居民非必要不要出门。

📚 范例解读

阿山和教授看完了这篇新闻稿。

阿山道："教授，这的确是一篇优秀的新闻稿，文字优雅，波澜壮阔。"

教授回答："的确，稿件的整体非常好。但当时的新闻稿总编辑却不是很满意。他对新闻的开头有自己的想法。"

阿山非常好奇："咦？他有什么想法。"

教授笑着回答："那位记者也是和你一样好奇，他去请教了他的总编辑，想知道好开头应该是什么样的。总编辑脱口而出'8 月 5 日 13 点，××市政府因飓风宣布全市进入紧急状态。'"

阿山听了不禁说道："简洁有力。"

教授点头："不错，简洁有力。既然是时事新闻，就首先告知读者究竟发生了什么。"

教授看着阿山："好的开头并不需要华丽烦琐，只需要简单干脆地引出主题。就像我之前说的，很多同学在写稿件时总纠结优美的文字，而忘记自己的题旨。有力的、吸引人的新闻稿开头，才能吸引读者去看，才能真正做到传播，才能体现新闻的意义。"

阿山感觉受教良多："教授，我明白了。"

写作技巧

新闻稿件常被公众视为官方声明。

1. 新闻写作需注意以下几点

（1）新闻稿的作用是记录最新发生且受到广泛关注的事件，事件记录过程应当清晰明了，重点突出。

（2）新闻稿的核心价值在于真实，所有新闻稿都应具有可靠正式的信息来源，体现出真实、新鲜、简明和精深的特点。

写作者对新闻稿应慎之又慎。初学者可以从模仿开始，模仿优秀的新闻稿件进行写作，是非常有效的学习方式。

2. 新闻稿的写作有三种格式：倒金字塔式、正金字塔式和折中式

（1）倒金字塔式按照新闻信息的重要性程度进行写作排序，即最重要、最新鲜的信息会位于新闻稿的开头。这类格式对读者更容易理解和

接受，做到重要信息强调突出。

（2）正金字塔式以时间顺序对事件进行叙述。这类方式有引言、过程和结果，新闻重点通常位于文末。

（3）折中式则为上文两种方式的折中，新闻最重要的信息出现在开头，后续正文仍旧以时间顺序进行事件描写。由于正金字塔式难以抓住读者，部分读者通常没有耐心看长篇大论，因此诞生了折中式的新闻稿格式。

第六节　新媒体稿件

新媒体稿件指出现在新媒体平台上的稿件。目前的新媒体稿件多带有互联网流量营销性质，对比新闻稿的专业与求真，新媒体稿则更具趣味性和商业性，也更容易引发受众人群的自主传播。

应用场景

小齐曾在报社担任记者，他观点明确、笔锋犀利，是社里的骨干。为了拓宽写作领域，小齐想进入新媒体领域。然而，由于转型之路却并不顺利，于是他找到在新媒体领域工作的老同学小朱。

"小朱，我当初也是我们报社记者的带头人，怎么现在文章的阅读量如此低啊？"

小朱并不意外："如果总想着让读者迎合你的写作方式，是很难写出好的新媒体文章的。我问问你，当初报纸读者都是什么人？"

小齐想了想："我们报社最出名的是深度点评，写一篇文章，背后的调查取证和文章修改，耗时可能要以月计算。对这样的文章感兴趣的，是喜欢深度思考，对事物有自己见解的人。"

小朱继续道："那我再问你，现在的微信公众号读者又是哪些？"

小齐回答："我们的公众号内容以商业财经为主，输出内容也有一定的深度思考价值。"

小朱："两者之间还是有联系的。只是你对新媒体写作存在一定误解，认为新媒体所传播的内容大都就是为了'吸流量'，只有纸媒才能传递深度内容，结果反而是你忽略了读者的需求。其实，你同事有篇文章就写得挺好的，我们来一起分析分析吧。"

两人一起低头阅读。

写作范例

大降温！今年以来最强雨雪天气即将到来！

据市气象台 25 日发布的天气预报，今天（26 日）我市最高气温 24 ℃，但这并不意味着夏天已经到来，相反，在清明假期来临之前，一股"返场"的冷空气将打断这场大升温。

今年以来范围最广、强度最强雨雪天气将登场。

预计 3 月 30 日开始，这股冷空气将携大风、降温和雨雪影响我市，×× 以北地区将陆续遭遇"换季式"降温，这也是今年本市以来范围最广、强度最大的雨雪天气。

此次冷空气带来的雨雪将波及我市大部分地区，由于暖湿气流在向北输送时和冷空气相遇，×× 北部、×× 北部以及 ×× 东南部可能会有大到暴雪。

这股冷空气由西北移向东南，×× 地区首先降温，3 月 30 日后陆续东移影响其他大部地区。此次降温较为明显，×× 以北大部地区的气温将普遍下降 6~10 ℃，×× 北部部分地区降温可达 14 ℃以上。

前期升温明显的 ×× 、×× 等地，在 3 月 31 日后将迎来明显降温，2 日至 3 日，上述地区的气温普遍将跌至近期低点。

范例解读

小朱拿着文章，说道："首先，你看这个文章题目就很吸引人，求实中带着夸张。如果单纯写新闻稿，无论标题还是正文都要求慎言严谨，而新媒体要做到的是让大众点开你的文章。你看看你写的文章标题，是不是新闻味儿太足了呀？"

小齐沉吟："似乎是有点，总还是有点放不开，怕人家说我标题太夸张。"

小朱："标题对新媒体传播有重要的意义，无论再好的文章，再精彩的观点，如果不能传播就毫无意义。"

小齐沉默地点着头。

小朱又继续道："传统新闻稿，无论是专题类还是新闻报道类，其本质都是单向的播出，从自身出发选择合适的传播方式，并没有深入结合读者反馈。然而，新媒体要学会面向用户的思维转换，从分享数量、点击数、评论和留言等方面，及时获取用户的反馈，知道他们在意什么、想看什么，而不仅仅是我方认为什么内容值得说。"

"要知道，互联网用户情绪敏感，但大部分人并不会科学准确地表达，你要做的，是体察其感受和心愿，然后利用自己的表达能力替他们说出来。这也是为什么最能与读者共鸣的文章，其阅读数据就越好看。"

小齐点头："明白了，表达在我，但表达的内容在读者，新媒体表面上和新闻是同类传播性质，但文章的传播逻辑发生了巨大的改变。"

小朱拍拍小齐的肩膀："这算路子对了！"

写作技巧

优秀的新媒体文章开篇简洁吸睛，引人入胜，正文紧凑有强逻辑，结尾升华带节奏。

1. 开头

新媒体的文章开篇多种多样，常见的开篇形式有三种：金句、矛盾冲突和白描。

（1）将金句放在开篇，能较容易地吸引读者。当然，满篇金句并不是最适合的效果，应该将精彩内容放在头尾两端，中间主要应把事情讲清楚。

（2）矛盾冲突开篇法，特指将全文最激烈的矛盾放置于文章开头，而非在文中进行叙述。激烈的矛盾冲突，能为写作者争取读者的兴趣，让他们愿意花时间看文章。

（3）描白的开头方式，整体上不如前两者那么吸引读者，但其娓娓道来的平静感，也能塑造出"山雨欲来风满楼"的肃杀感受，会吸引情绪敏感的读者。

2. 结尾

文章的结尾要起到画龙点睛的作用。写作者在行文之前就应当知道文章的最终落脚点，并在结尾部分设置段落，对文章主旨进行强调和升华。

3. 写作者 IP 打造

与传统新闻不同，新媒体文章更强调个人 IP 的塑造。自己的选题、口吻、风格，都应打造属于自己的独特人格。例如，写作者若想要塑造专业低调的形象，行文就要专业朴素，想要塑造"段子手"形象，则文字风格就要活泼幽默。

即便是以单位、机构名义写作，也应该设置拟人化的形象来突出 IP。

只有不断坚持风格，持续输出高价值内容，才能收获用户的喜爱。

第九章

常见公文错误评析

公文写作实践中，初学者可能会犯下一些常见错误，有些长年累月写作公文的人也不例外。本章将对常见公文错误进行分类评析，帮助读者避免犯下同类型错误，尽量减少学习过程中的弯路，尽快提升自己的写作水平。

第一节 行文规则的错误

所谓行文规则，指机构或单位之间公文往来所需共同遵守的规范原则，这类原则通常根据不同单位机构的职权范围、单位之间的级别划分以及实际工作关系来确定。

常见的行文规则错误有以下几点。

一、未能分清"请示"对象

请示指下级机关向上级机关请求指示、答复和审批所使用的请求性公文。例如某县希望修路以促进本县经济发展，向上级机关和业务部门请求人力、物力和财力支持。在请求上级机关部门予以此类帮助时，就可以使用"请示"类文体。

"请示"类文体有其特殊规定，行文关系需根据机构间隶属关系和各自职权范围，不得越级行文。若有特殊情况需要越级行文，被越级的机关也应被抄送行文。在实践中，有些写作者未能分清请示对象，导致产生文种使用的错误。

根据上述要求，在写作请示类公文的时候，应重视以下要求。

（1）领导与被领导关系可以直接行文。领导与被领导关系指同一组织中的上下级关系，例如，国务院与各省级政府为领导与被领导关系，被领导者可以直接向领导者正常行文。

（2）业务指导与被指导关系可以直接行文。业务指导则指同一专业系统中的业务部门之间存在的指导监督关系，被指导者可以直接向指导者行文。

二、请示与函的混用

在公文的实际使用中，"请示"和"函"很容易混用。函指没有隶属关系的机关进行工作商谈、问询、请求批准和答复事项的公文。请示则通常使用于有隶属关系的机构进行上下级的批示和答复。想要正确区分，就要清楚这两者容易混淆的原因。

（1）"请示"和"函"都有请求批准或答复的功能，部分写作者可能因此而混淆这两类公文。

（2）写作者难以区分上下级机构、缺乏隶属关系的机构。由于各类机关部门纷繁，部分刚参加工作的写作者容易混淆。

（3）为求效率故意为之。有些部门为求事情快速办成，面对"权力部门"时会故意将"函"写为"请示"，表现对有关部门的"尊重"，这种做法不可取。

三、主送单位名称不规范

对主送单位的名称，写作者应使用其单位全称或者规范性简称。

根据国家行政机关公文处理办法，"上行文"类公文只有一个主送机关。如有特殊情况，行文必须同时报送多个主送机关时，应该采用抄送形式。

此外，上级机关向下级机关行文的"下行文"可以同时有两个或两个以上的主送机关。若主送机关过多，则一般建议使用规范的统称，例如"各乡镇人民政府""政府各部门"等。

四、"批转""转发""印发"不加区分

实践中，有些写作者对"批转""转发""印发"不加区分。实际上，这类公文均为"合成"文，即被送出的原始文件和批转、转发或印发部分合成一份公文。"批转""转发"属于转发类，文件部分以发文机关名义制定。"印发"则属于自发类，即合成公文部分均由印发机关自制。

"批转"专用于上级机关批转下级机关的公文，在三种类型中最具有严格等级性和规范性，且标题中必须有"批转"字样。

转发公文不受机关等级制约，只要本级机关需要且合规，相关公文

都可以进行转发。

机构在使用"印发"形式对行政法规或规章进行发布时，需要使用程式性语言，例如"《×××办法》经省政府第 N 次常务会议讨论通过，现予发布实施"等相对固定和规范的语言。在下发方案和纪要等文件时，"印发"形式的说明性语言可以相对灵活，例如针对文件中的执行部分进行强调，或者只写一两句印发用语也是可行的，具体操作可根据实际情况进行调节。

公文写作有其特殊的严肃性，写作者需要充分了解写作类型与机构关系，才能对文章类型使用得心应手。

第二节　公文格式的错误

公文应统一规范样式，这是公文严肃性的重要体现方式。最常见的格式错误类型，具体有以下几种。

一、涉密公文不标注份号

份号指公文印制份数的具体序号。由于涉密公文的机密性，编号可以准确体现公文的印制份数和文件的接收对象。一旦文件需要回收保管或销毁，编号级就能帮助工作人员及时了解文件回收是否存在遗漏。

涉密公文份号错误主要有以下两种：

（1）涉密文件不标注份号。按照要求，涉密文件需全部标注份号。出于分发方便的目的，对于不涉密的文件也可以标注份号。

（2）份号标注错误。份号标注通常使用六位阿拉伯数字，虚编位使用 0 进行补齐，例如"000396"。机关下发的涉密文件有编号，但进行规范性文件备案时不予编号的行为，同样属于违规。

二、发文机关标志使用错误

文件首页的红色制发机关名称为发文机关标志，常见发文机关标志使用错误有以下三种：

（1）发文机关标志过大或者过小。发文机关的标志应当美观，过大过小都会有损发文机关严肃性和威严性。

（2）发文机关的标志使用错误。正确的发文机关标志使用方式为发文机关名称加"文件"二字，或者直接单独对发文机关的全称或者规范化简称进行使用。同时使用全称和简称，或者使用发文机关名称加文中类别等，都属于错误的发文机关标志使用方式。

（3）联合行文格式错误。当机构联合进行公文发布时，"文件"二字后应紧随"以联署发文机关××（名称）为准"。

三、发文字号标注错误

发文字号由发文机关代字、发文年份和发文顺序号三部分组成。错误使用情况主要有以下三种：

（1）符号错误使用。发文字号中的年份应当用六角括号，例如沪办〔20××〕3号，六角括号常被错用为"[ ]"。

（2）发文机关代字使用错误、政府机关代字有重复，若地名的首字相同则会导致代字相同。例如河南省新郑市委和武汉市新洲区委都会用"新发、新办"作为发文机关代字。

（3）发文顺序编号使用错误。如沪办〔20××〕3号会被错误编制为沪办〔20××〕03号，属于编号使用错误。

四、发文机关署名和成文日期错误

根据《党政机关公文格式》所规定，文件的成文日期应使用阿拉伯数字标明日期，年份应当写作完全（即2022年不可写作22年），月份日期不可使用虚位补充（1月不可写作01月）。公文成文日期通常空四字进行排列。

此外，发文应当有发文机关署名，如国务院发文在最后落款处应当加上发文机关"国务院"，发文机关署名在成文日期上方居中排列。

五、其他

除以上大类格式错误外，仍旧存在一些细微的格式错误。

（1）行间距、字间距。公文写作要求每面22行，每行28字。特殊情况可根据情况进行调整。

（2）公文写作结构层次序数错误。公文写作要求的结构层次序数为"一、""（一）""1.""（1）"，不同序号的字体要求也不同，第一层为黑体字，第二层为楷体字，第三层和第四层为仿宋体字。

（3）附件附注使用出现错误。

①附件说明和附件不相符，例如正文中附件说明和附件标题不一致，或者附件数量与正文说明情况不统一等。

②附件说明与标题不符。例如标题中写明报送、批转、转发，但正文中仍然使用附件。举例说明，标题中为《××办公室转发××部门关于××的意见的通知》，但正文中却标注附件为"××部门关于××的意见"。

公文格式会直接影响公文效力，写作者不可轻视，公文完成后应当进行检查，避免错误。

第三节　公文文种选择的错误

公文文种的错误使用，不仅会影响公文使用的准确性和传递效率，更会造成信息传导阻滞和管理效率降低。

以下为常见的几种公文文种使用错误。

一、报告和请示混淆

报告与请示行文方向一致，标题事由多用"关于"开头，且只向本机关的直接上级发出，因此在实际使用中常出现错用现象。实际上，报告和请示存在多方面的区别。

报告和请示行文目的并不相同，报告用于向上级汇报工作，反映情况、提出意见和建议。而请示则为解决问题而请求上级机关指示或审核批准。

报告和请示行文性质不同，报告是呈报性公文，上级机关不需要批复，而请示为呈请性公文，上级机关需要批复回答。

报告和请示行文时间不同，报告时间更为灵活，工作或活动的前中后三个时间段都可以进行报告，而请示则必须发生在工作或活动开展之前，不允许"先斩后奏"。

报告和请示行文内容含量不同，报告可以多事报告，而请示必须坚持"一文一事"原则。

报告和请示正文构成不同，报告由目的、内容和结束语三大板块构成，而请示由请示原因、请示事项和肯定性要求三部分构成。

报告和请示收文处理不同，报告上级只需了解情况用作决策参考，无须答复，而请示需要上级认真研究，尽快给予答复。

二、公告与通告错用

公告与通告都是用作向公众宣布、告知事项的下行文，都能公开发布或张贴，在使用中容易混淆。但两者实际上有很大区别。

公告是下行文，通常是国家领导机关、地方行政机关向国内外宣布重要事项或者法定事项时使用。通告则用于向社会公布应当遵守或者周知的事项，属于宣告性下行文。

公告内容对比通告内容更为重要，公告是国内外关注的重大事项或法定事项，而通告则是针对某些事项做出规定限制或者向人民宣布需要遵守的事项。例如，宪法的实施，国家领导人选举结果，中国人民银行贷款、储蓄利率的调整等事项就可以使用公告进行内容发布。类似停电、停水等需要公众周知的事项或者呼吁公众维护交通秩序则使用通告进行内容发布。

公告与通告的发布范围不同，公告的发布范围面向"国内外"，而通告范围则在一定区域内。公告与通告发文机关不同，公告由国家领导机关和地方行政机关发布，而通告可以由单位、社会团体、居委会等发布。

公告与通告发布形式不同，公告通常使用登报、电视、电台等发布形式，书面张贴形式极为少见，而通告则常用张贴、登报和广播的形式。公告庄严，有新闻的特点，而通告则更加贴近居民普通生活状态。

第四节 公文标题的错误

公文标题是行政公文的重要组成部分，是文书处理和编制文档检索工具的重要依据。标题应当主旨鲜明、重点突出且格式规范。

标题有以下几类错误。

一、标题文种使用不当

行政公文标题需要标明公文文种，错误的标题文种提示不利于后续的公文处理和归卷，会降低工作效率。

例如，标题《关于报送二〇〇二年上半年工作计划》的正文内容为"上半年工作计划"，该文属于上行公文，其文种为报告。因此，公文标题应当修改为《×××关于报送二〇〇二年上半年工作计划的报告》。

还有一种情况，原因为标题混用多种文种，例如《关于×××呈报石油化工厂增设附属工程的请示报告》，请示和报告是两种文种，写作者对文种认知混淆不清，导致了标题中文种混用。为避免类似情况，写作者需清楚了解不同文种的区别，才能在标题中精准应用。

二、标题事由表达不清

公文标题需要简洁明了地向读者概述全文基本中心思想，过简或者过繁都会导致事由讲述不清，甚至引起歧义。

（1）标题过于冗长。如《××大学关于认真贯彻中央纪律检查委员会议决策中关于不准干扰大学毕业生分配工作的通报精神前提下我校做好应届毕业生分配工作责任的几点意见》，标题冗长繁复还难以理解。该标题可以修正为《××大学关于认真做好应届毕业生分配工作的意见》，对正文思想进行高度概括即可，出于何种原因去做大学生分配工作可以在正文中进行叙述。

（2）标题简而不明。标题不能过于冗长复杂，但过于简单也会让读者不明所以。例如，《××市人民政府关于粮食问题的请示》会让人看不懂，关于粮食的具体请示事由在标题中完全没有体现，阅读者也无法迅速捕捉公文发出单位的意图。标题如果修改为《××县市人民政府关于粮食价格过高有关问题的请示》就会清晰明了许多。

三、标题转发出现错误

文件转发时，会出现转发人照抄上级文件标题再加上文种的现象，导致标题出现"关于×××的关于×××"或者"×××的通知的通知"。

例如，省级和市级文明办对同一文件进行转发，标题《×××省政府文明办组织开展向雷锋同志学习活动的决定》，经过市级、区级政府的转发，标题变为"×××区政府文明办关于转发×××市政府文明办关于转发《×××省政府文明组织开展向雷锋同志学习活动的决定》的通知的通知"。这样的情形，在实践中基本不会出现，但对于公文写作初学者是需要注意的问题。

公文标题的拟写既要规范又要灵活，因为区政府转发的是市政府文件，因此其文件标题中已经不需要提及更高层级的文件，该标题应当为《×××区政府文明办关于转发市政府文明办开展向雷锋同志学习活动的通知》。

四、标题引用错误

公文的标题包括发文单位、事由和文种三部分，在引用标题时也需要完整地对这三部分进行引用。

例如，文章正文中"转发来的省教育厅中《关于省教育学院土地规划建议方案的请示》已收悉，经×××研究，现回复有关意见"，将发文单位省教育厅放置于书名号外部，致使引用标题不完整。正确地引用方式为"转发来的《省教育厅中关于省教育学院土地规划建议方案的请示》已收悉，经×××研究，现回复有关意见"。

好标题是公文的眼睛，是公文内容的精准摘要，公文标题是否规范，直接影响公文效力的发挥。写作者应避免上述错误，力求高效有力的标题形式和内容。

第五节　公文内容的错误

公文写作内容要求简洁严谨且层次分明。常见的公文内容错误有以下几种，写作者应避免此类问题发生。

一、正文内容主次不分

公文写作是公务活动工作人员的基础工作技能，想要写好公文，需要掌握基础的谋句部篇技能。有些初学者在写作时，由于担心无法将事项说清楚，想要面面俱到，导致事项中没有重点。

例如，某单位组织举办名为"逐梦×××"的展览，并向省委呈送情况报告。报告全文如下。

×××单位关于×××特展有关情况的报告

3月28日，我单位联合×××文教基金会主办"逐梦×××"展览开幕。开幕仪式中，省委副秘书长……音乐专业人士……媒体记者出席。×××文教基金会执行长等嘉宾在开幕式中致辞。

×××是卓越的艺术家，是具有影响力的歌唱家之一……

本次展览以×××……三个梦想为主线，展示了……展览将持续至5月30日。

此次展览贯彻落实省领导……精神……

特此报告。

××省×××厅

××××年×年×日

上文中存在的主要问题为主次不分，偏离主题。

本次单位向上报告的目的为汇报活动事项的落实情况。对领导汇报落地工作的核心应该是活动的出发点、效果和意义。然而报告正文大量介绍×××本人以及展览本身，且在正文的前半部分，既没有反映工作成绩，又花费大量文墨介绍人物，没有抓住工作重点。

二、来宾介绍主客不分

公文写作并不死板，同样需要讲求社交礼仪。公文介绍主客排序时应当客前主后，正确写法应当将相关来宾介绍放置于人物介绍前面。

三、表达依据不足

公文写作与论文写作相似，在进行观点的陈述时需要有足够的论据支持。例如，公文作者想要在文中反映"猪肉价格贵"，则文中需要足够数据或者案例证明，例如猪肉历年价格数据、肉价同比涨跌幅、民众收入情况等。仅仅在文中写明"我想""我觉得""我认为"等主观描述词会降低论点可信度，写作者应注意提供足够依据。

四、叙述内容层次模糊

公文写作时逻辑层次清楚是写作的基础要求。写作者在理清内容叙述层次时可以使用序号一、二等对内容进行分层。逻辑结构模糊的公文会造成文章因果不清晰，论证过程混乱等问题。

五、正文内容合理断句

在合适的逻辑节点断句也是写作的基本要求。有的写作者一口气将事项讲完，但无法根据逻辑将事项文字进行分句和分段，造成全文仅有一句话的情况。

公文写作中的内容错误远不止如此，学会公文写作的前提，是学会思考和总结。写作者需要在平时多多阅读，总结归纳好的文章结构，勤加练习，就能避开大部分的相关错误。

第六节 公文语言的错误

不同文体都有对应的语言风格，例如散文语言风格优美，诗歌风格雄浑典雅，公文作为重要的应用文体，其语言风格讲究庄重简练。

一、缺乏权威性

公文发布方通常是政府或者机构的官方部门，其发布内容常被默认为机构观点，因此自带权威属性。在写作中，使用模糊词汇会使人产生公文信息来源未经核检的感觉。因此，公文写作中如需对某些信息进行叙述，可直接陈述相关事实，无须添加类似"据了解"等词汇。

二、语言不规范

首先，公文中的句子需要保持基本结构完整，即主谓宾完整，不可对句子基础结构进行省略。

其次，公文写作中所引用的论证数据需要经过核实并对引用进行合理标注，不可出现侵权行为。如有使用成语、古语或者诗句等，应理解引用古语的含义，错误引用古语会令公众质疑政府或者机构对公文内容的严肃程度，从而轻视公文所提事项。

三、文风不朴实

某单位对活动进行汇报总结时写："本次活动现场十分火爆，在耗时良久、精心准备的宣传展板前群众人头攒动，络绎不绝。活动大大受到基层群众的热烈追捧，哪怕活动已然结束，现场参会人员仍意犹未尽，久久徘徊不愿离去。"

本段文字中，写作者对活动溢美之词过多，却缺乏公文写作的简洁精练。公文写作是为了信息的精准传递，而不是写出精彩绝伦的文章。实际上本段想要表达活动的火爆程度，可以通过数据说明，例如"活动举办当天，共 5 000 多人观看以及咨询展板内容。"

四、文风不得体

文风不得体，并非指内容的不得体，更多是语言风格的不匹配。公文写作中应当多用陈述句与祈使句，而疑问、感叹等句式并不适合出现在公文中。例如在报告撰写中，文字的核心作用在于简洁明了地交代问题，如果使用惊叹或者反问等句式都会过于跳脱。

公文写作的学习和实践中，写作者不可避免会出现语言错误，必须随时牢记公文写作的本质，条理清晰地呈现事物内在逻辑，才能有效降低公文语言出错的概率。